MODERN LANGUAGES STUDY GUIDES
LITERATURE STUDY GUIDE FOR AS/A-L

Andorra
Max Frisch

Geoff Brammall

HODDER
EDUCATION
AN HACHETTE UK COMPANY

The Publishers would like to thank the following for permission to reproduce copyright material.

Photo credits

p.7 AF archive/Alamy; **p.10** INTERFOTO/Alamy; **p.11** Chronicle/Alamy; **pp.19,33** United Archives GmbH/Alamy; **p.48** Art Directors & TRIP/Alamy; **p.63** United Archives GmbH/Alamy

Every effort has been made to trace all copyright holders, but if any have been inadvertently overlooked, the Publishers will be pleased to make the necessary arrangements at the first opportunity.

Although every effort has been made to ensure that website addresses are correct at time of going to press, Hodder Education cannot be held responsible for the content of any website mentioned in this book. It is sometimes possible to find a relocated web page by typing in the address of the home page for a website in the URL window of your browser.

Hachette UK's policy is to use papers that are natural, renewable and recyclable products and made from wood grown in sustainable forests. The logging and manufacturing processes are expected to conform to the environmental regulations of the country of origin.

Orders: please contact Bookpoint Ltd, 130 Park Drive, Milton Park, Abingdon, Oxon OX14 4SE. Telephone: (44) 01235 827827. Fax: (44) 01235 400454. E-mail: education@bookpoint.co.uk Lines are open from 9 a.m. to 5 p.m., Monday to Saturday, with a 24-hour message answering service. You can also order through our website: www.hoddereducation.co.uk

ISBN: 978 1 5104 3563 6

© Geoff Brammall 2018

First published in 2018 by

Hodder Education,

An Hachette UK Company

Carmelite House

50 Victoria Embankment

London EC4Y 0DZ

www.hoddereducation.co.uk

Impression number   10 9 8 7 6 5 4 3 2 1

Year   2022 2021 2020 2019 2018

Cover photo © Dimitrios Stefanidis/E+/Getty Images

Typeset in India

Printed in Italy

A catalogue record for this title is available from the British Library.

Contents

This guide is designed to help you to develop your understanding and critical appreciation of the concepts and issues raised in *Andorra* as well as your language skills, fully preparing you for your Paper 2 exam. It will help you when you are studying the play for the first time and also during your revision.

A mix of German and English is used throughout the guide to ensure you learn key vocabulary and structures you'll need for your essay, while also allowing you to develop a deep understanding of the work.

The following features have been used throughout this guide to help build your language skills and focus your understanding of the play:

Activity

A mix of activities is found throughout the book to test your knowledge of the work and develop your vocabulary and grammar. Longer writing tasks will help prepare you for your exam.

Build critical skills

These boxes offer an opportunity to consider some more challenging questions. They are designed to encourage deeper thinking and analysis to take you beyond what happens in the play to explore why the director has used particular techniques, and the effects they have on you. These analytical and critical skills are essential for success in AO4 in the exam.

GRADE BOOSTER

These top tips will advise you on what to do, as well as what not to do, to maximise your chances of success in the examination.

Page references

The page references in the guide are to the Suhrkamp edition (suhrkamp taschenbuch 277), ISBN 9783518367773.

der Ruhm fame

For every paragraph in German, key vocabulary is highlighted and translated. Make sure you know these words so you can write an essay with accurate language and a wide range of vocabulary, which is essential to receive the top mark for AO3.

TASK

Short tasks are included throughout the guide to test your knowledge of the play. These require short written answers.

Key quotation

Key quotations are highlighted as they may be useful supporting evidence in your essay.

Ich bin nicht schuld, daß es so gekommen ist (später).

Der Wirt, der Tischler, der Geselle in their respective *Vordergrund* scenes.

Answers

Answers to every activity, task and critical skills question can be found online at **www.hoddereducation.co.uk/mfl-study-guide-answers**

The play takes place in the fictional state of Andorra. The main character is the 20-year-old Andri, the adopted son of the teacher, Can. Can claims to have rescued Andri, a Jewish boy, from the neighbouring state of the Blacks (*die Schwarzen*) and has brought him up as his own son. This however, as we learn later in the play, is a lie. Andri is actually Can's illegitimate son, the result of an affair between Can and a Senora from the neighbouring country of the Blacks.

Andri is trying to become a fully fledged citizen of Andorra: he is looking for a job, wants to play for the local football team and is planning to get married to Can's daughter, Barblin.

But at every stage he is confronted with the prejudices of the Andorrans against Jews. Can persuades the carpenter to offer Andri an apprenticeship, but despite the fact that Andri has made an excellent chair, the carpenter refuses to believe that a Jew could become a craftsman and suggests that he becomes a salesman instead. The carpenter destroys the chair made by the other apprentice, but deliberately asserts that it was made by Andri.

Andri's rival for the hand of Barblin is the uncultured soldier, Peider. Peider accuses Andri of being (like all Jews) a coward and gains access to Barblin's room at night. The situation becomes critical when Andri meets Peider, in a state of semi-undress, leaving Barblin's room. Andri asks Can for his daughter's hand in marriage, which Can, to his wife's dismay, refuses.

Gradually Andri starts to believe in the Jewish characteristics that the Andorrans ascribe to him and he begins to conform more and more to the stereotypical Jewish image.

A doctor who is fetched to examine Andri expresses his patriotic feelings for Andorra and ascribes his failure to find success in the outside world to the fact that the Jews have occupied all the important posts in the universities, rather than to his own limited abilities.

The priest, who has been asked by Can's wife to speak to Andri, singularly fails to address the question of his identity, and in fact himself begins to treat Andri as a Jew and tries to persuade him to accept the fact that he is 'different'.

The threat of invasion by the Blacks increases, and the landlord of the inn has to defend his decision (made from a purely profit-seeking motive) to offer accommodation to a lady from the neighbouring Black country. This lady turns out to be the Senora (Andri's real mother), but she is accused by the Andorrans of being a spy. The soldier, Peider, taunts Andri about his relationship with Barblin and a fight breaks out between them. Andri is wounded in the fight and is tended by the Senora (his mother), who demands that a doctor be fetched to treat Andri's wounds.

17

In a conversation with Can the Senora demands to know why he invented the lie about Andri being a Jew, but he accuses her of cowardice because she did not admit that the child was hers. Can agrees to tell the Andorrans the truth, but doubts whether they will believe him.

The Senora decides to leave Andorra. Can orders Andri to escort her, but to avoid crossing the town's main square. Andri returns shortly afterwards, saying that the Senora preferred to go alone, but that she gave him a ring as a leaving present. Can goes to try to give the Senora protection. The priest now tries to tell Andri the truth about his origin, but Andri refuses to believe it, so convinced is he now that he is a Jew. Can returns to say that the Senora has been killed by a stone, which was allegedly thrown by Andri.

The Blacks invade Andorra and the Andorrans quickly capitulate, handing in their rifles. Can tries to explain to Andri the motives for his action, namely that he was too cowardly to admit the truth and that the rescue of an abandoned Jewish child showed him and the Andorrans in a much better light. Andri claims that the Andorrans are now looking for a scapegoat to blame for their defeat by the Blacks.

Andri confronts Barblin and wants to know how often she has slept with Peider. The Blacks come searching for the Jews and Barblin hides Andri in her room. Peider (who has now changed sides and is serving in the Blacks' army) comes and arrests Andri, saying that he will now be brought before the Jew-Seeker (Der Judenschauer) who will determine whether Andri really is a Jew, or Barblin's half-brother.

The Andorrans gather on the central square and are issued with black cloths, which they are required to put over their faces when the drum sounds. A whistle is sounded and the Andorrans are required to take off their shoes and parade in front of the Jew Inspector. After each is inspected they are allowed to take the cloth off their face, collect their shoes and leave.

Three whistles indicate that a Jew has been found. The person in front of the Inspector is Andri. Can and his wife protest that Andri is not a Jew, but when he is ordered to turn out his pockets, money falls out. The soldier orders Andri to take off his ring, but he refuses to do so. A group of soldiers surrounds him, there is a scream of pain as his finger is cut off and he is led away.

The half-mad Barblin appears, her hair shorn, and accuses the Andorrans of being murderers. She asks the priest where he was when 'our' brother was killed and as he leads her away, she places Andri's shoes in the centre of the stage, so that he will be able to find them if he should return.

The main action of the play as outlined above is often broken by scenes at a witness stand (the *Vordergrund* scenes), which take place in a later time period and in which various Andorrans (the landlord, the carpenter, the apprentice, the soldier, the doctor) look back on the events of the play and assert their innocence, saying that they did not know that Andri was not a Jew. Only the priest confesses his guilt and his failure to acknowledge the truth.

TASK

1 Erforschen Sie den Autor Max Frisch. Notieren Sie die wichtigsten Daten seines Lebens. Nennen Sie ein paar seiner anderen Werke. Was ist das Hauptthema in seinen Werken?

Max Frisch als Dramatiker

Max Frisch und sein Landsmann Friedrich Dürrenmatt waren vielleicht die ersten schweizerischen Autoren, die zu internationalem **Ruhm** gekommen sind. Am Ende des Zweiten Weltkriegs war die Schweiz das einzige deutschsprachige Land, das nicht unter dem National-Sozialismus **gelitten** hatte. Das Sozial- und Kulturleben in der Schweiz ging **ununterbrochen** weiter und viele Dramatiker, die den Nazis **entflohen** waren (darunter Bertolt Brecht), ließen ihre Theaterstücke in Zürich **aufführen**.

Die politische Neutralität der Schweiz hatte das Land während des Zweiten Weltkriegs **geschützt**, aber die Schweizer mussten zusehen, während andere deutschsprachige Länder durch den Krieg **zerstört** wurden. Deswegen hatten die Schweizer ein „schlechtes **Gewissen**" entwickelt und diese **Schuld** wird in den Werken von Frisch und Dürrenmatt behandelt. Viele der frühen Stücke Frischs (*Nun singen Sie wieder, Die chinesische Mauer* und *Als der Krieg zu Ende war*) **beziehen sich auf** den Krieg und seine Folgen.

Frisch hatte die **Verfolgung** der Juden persönlich erlebt, als er 1935 mit einer jüdischen Freundin Deutschland besucht hatte. Diese Erfahrung war vielleicht der **Ursprung** des Theaterstücks *Andorra,* aber in dem Stück kombiniert er dieses **zeitgenössische** Thema mit den universalen Themen von der Suche nach Identität und der **Macht** von **Vorurteilen**.

der Ruhm fame
leiden to suffer
unterbrechen to interrupt
entfliehen run away from; escape
aufführen to stage
schützen to protect
zerstören to destroy
das Gewissen conscience
die Schuld guilt
sich beziehen auf to relate to
die Verfolgung persecution
der Ursprung origin
zeitgenössisch contemporary
die Macht power
das Vorurteil prejudice

Andorra was a long time in coming to fruition. In his *Tagebuch 1946–1949* Frisch included a short story with the title *Der andorranische Jude.* It narrates the story of a young man, Andri, whom everyone believes to be a Jew. Gradually he accepts his Jewishness and begins to conform to the image and characteristics of the Jew. Only after his cruel death is it discovered that he was in actuality a foundling and an Andorran just like all the others.

In 1958 Frisch began to turn his short story into a play. It went through a number of versions and the original

▲ Max Frisch

premiere, planned for 1959, had to be postponed because the play was not ready. It was finally premiered on 2 November 1961. Since then the play has been performed more than a thousand times on German stages and is today one of the classics of the German theatre repertoire.

It is sometimes asserted that Frisch's play refers only to one particular historical period, namely the Nazi period in Germany, and that it therefore has little relevance today. But like any great drama, while the play may be set in a particular time and place, it is of universal and timeless relevance. The themes of discrimination, racial prejudice and making images of people are just as relevant in today's world as they were when Frisch wrote his play.

Das Land Andorra

In **Wirklichkeit** ist das Land Andorra ein **Fürstentum** in Südwesteuropa und liegt in den Pyrenäen zwischen Spanien und Frankreich. Das Land hat ungefähr 85.000 Einwohner und verdient sein **Einkommen** von der Touristen-Industrie, im Winter (zum Skilaufen) wie auch im Sommer, aber auch vom **Agrar**-, Holz- und Tabakhandel. Das Land ist relativ reich und hat wenig Arbeitslosigkeit. Andorra ist nicht **Mitglied** der Europäischen Union, aber hat besondere **Beziehungen** dazu. Es wird oft „die Schweiz zwischen Spanien und Frankreich" genannt.

But Frisch was at pains to point out that the real Andorra was not the setting for his play. In an introductory note he points out:

> Das Andorra dieses Stücks hat nichts zu tun mit dem wirklichen Kleinstaat dieses Namens, gemeint ist auch nicht ein andrer wirklicher Kleinstaat; Andorra ist der Name für ein Modell.

While the first part of this statement appears to be quite true, it is perhaps less easy to believe the second assertion and that Frisch did not have his native Switzerland in mind. It would be relatively easy to apply the guilty conscience of the post-war Swiss (see above) to the events portrayed in the play. It is not unusual for writers to criticise events in their own country by setting the events of their play or novel in a different or even fictitious land. But in calling *Andorra* 'ein Modell' Frisch also takes the events of his play beyond a specific and contemporary time and place. He is pointing to the fact that the events and characters of the play have a universal application and that they depict the way in which human beings have behaved (and still do behave) throughout history. As with any great writer, Frisch's play has a universal application.

Deutsche Geschichte in den dreißiger Jahren des 20. Jahrhunderts
Die Verfolgung der Juden

Der **Antisemitismus** war ein wichtiger Teil der Ideologie der Nazis. Sie wollten eine rein deutsche (**arische**) Gesellschaft schaffen und alle „unreinen" Elemente, wie Juden und Zigeuner, aus dieser Gesellschaft eliminieren. Als Hitler am 30. Januar 1933 an die Macht kam, begann er diesen **Glauben** in die Wirklichkeit **umzusetzen**. Zwischen 1933 und 1939 verabschiedete er mehr als 400 **Gesetze**, die sowohl das Privat- als auch das Berufsleben der Juden **einschränkten**. Beispiele für diese Gesetze finden Sie in der Tabelle unten.

der Antisemitismus anti-semitism

arisch Arian

der Glaube belief

umsetzen to translate; realise

das Gesetz law

verabschieden to pass (a law)

einschränken to restrict

Gesetze der Nazis gegen die Juden	
30. Januar 1933	Hitler wird **Kanzler** von Deutschland.
April 1933	Jüdische Geschäfte werden boykottiert. Deutsche werden **ermahnt**, nicht bei Juden einzukaufen. Der Spruch „Kauft nicht bei Juden" erscheint an vielen Schaufenstern.
10. Mai 1933	Die **Bücherverbrennung**. Bücher von Autoren „undeutschen Geistes" (darunter die Juden) wurden auf offener Straße verbrannt.
1934	Jüdische Studenten in den Fächern Medizin, **Zahnheilkunde**, **Pharma** und **Jura** dürfen keine Prüfungen ablegen.
1935	Durch die Nürnberger Rassengesetze werden Juden viele Zivilrechte **verweigert**.
1936	Juden dürfen nicht mehr **wählen** und verlieren ihre deutsche **Bürgerschaft**. Juden werden aus Parks, Restaurants und Schwimmbädern verbannt.
1938	Jüdische **Reisepässe** werden mit einem roten „J" gestempelt. Im Pass müssen die Juden den Vornamen „Israel" oder „Sarah" zu ihrem eigenen Namen **hinzufügen**.
9. November 1938	Die „Kristallnacht" (siehe unten).
1939	Juden ab 6 Jahren werden gezwungen, einen gelben Judenstern mit dem Wort „Jud" zu tragen.
1941	Juden dürfen Deutschland nicht verlassen.
1942	Das Abtransportieren von Juden nach Auschwitz beginnt.
1945	Auschwitz wird von russichen Truppen befreit. Britische und amerikanische Soldaten befreien die Konzentrationslager im Westen.

der Kanzler chancellor

ermahnen to urge

die Bücherverbrennung book burning

die Zahnheilkunde dentistry

die Pharma(kologie) pharmacology

Jura law

verweigern to deny, refuse

wählen to vote

die Bürgerschaft citizenship

der Reisepass passport

hinzufügen to add

Gradually the persecution of the Jews became more severe. At the Nuremberg Rally in 1935 the Nuremberg Laws (*Nürnberger Rassengesetze*) were passed, which meant that no Jew could be a citizen of the German state. It is thought that Hitler originally only wanted to drive the Jews out of Germany (and indeed many Jews emigrated to England or America), but in the course of time the persecution of the Jews intensified. It appeared as if Hitler wanted to exterminate the Jewish race. On 9 November 1938 the so-called *Kristallnacht* (Night of Broken Glass) took place. Jewish shops and synagogues were attacked, their windows smashed and the buildings set on fire.

Later, Jews were driven out of their houses and were only allowed to live in certain parts of the town, as in the notorious 'Ghettos' in Warsaw und Cracow, for example. In 1942, the Nazi regime began to transport Jews to concentration camps, such as Auschwitz, Buchenwald and Bergen-Belsen, where they were subjected to appalling living conditions and where many met their death in the gas chambers.

▲ "Kauft nicht bei Juden!" Ein Soldat aus der Sturmabteilung steht vor einem jüdischen Geschäft

The Nazi persecution of the Jews forms the background to *Andorra*. Although particular events are not mentioned, they are hinted at in various scenes (particularly Scene 12, with the Jew-Seeker (*Der Judenschauer*).

Vergangenheitsbewältigung

der Aufstieg rise (to power)

zustande kommen to happen

die Reue regret

das Ereignis event

die Erinnerung memory

die Erklärung explanation

sich beschäftigen to treat, deal (with)

beitragen to contribute (to)

Das Wort „Vergangenheitsbewältigung". bedeutet ungefähr „coming to terms with the past". Als der Krieg vorbei war, mussten die Deutschen sich erklären, wie eine solche Situation wie der **Aufstieg** Hitlers und der Zweite Weltkrieg in ihrem Land **zustande kommen** konnte. Sie waren voller **Reue** für die **Ereignisse** der Nazizeit und wollten sicherstellen, dass eine solche Situation nie wieder passieren könnte. In den ersten Jahren nach dem Krieg sprachen deutsche Schriftsteller und die deutsche Nation im Allgemeinen kaum über diese Ereignisse: Die **Erinnerung** war zu peinlich. Aber allmählich in den fünfziger Jahren begann man über die Ereignisse der Kriegsjahre zu schreiben und eine **Erklärung** zu suchen. Romane wie *Der Vorleser* (*The Reader*) von Bernhard Schlink und *Jeder stirbt für sich allein* (*Alone in Berlin*) **beschäftigen sich** mit diesem Thema. *Andorra* **trägt** auch zu dieser Diskussion **bei**.

Einfluss von Bertolt Brecht

Bertolt Brecht (1898–1956) war vielleicht der führende Dramatiker des 20. Jahrhunderts und sein **Einfluss** ist in den Werken von vielen späteren Dramatikern nicht nur in Deutschland, sondern in der ganzen Welt zu sehen. Brecht glaubte, dass man durch das Theater die Zuschauer **aufklären** und **ändern** kann. Die Zuschauer sollten nicht nur das Stück als **Unterhaltung** genießen, sondern sollten auch über die Ereignisse auf der Bühne **nachdenken** und sie auf ihr eigenes Leben beziehen. Sie sollten sich nicht (wie im klassischen Drama) mit den Personen auf der Bühne identifizieren, sondern immer eine kritische Distanz zu der Handlung halten. Um dieses **Ziel** zu erreichen, hat Brecht verschiedene dramatische Techniken **entwickelt**, damit der Zuschauer immer erkennen sollte, dass er im Theater saß.

Vor jeder Szene gab es, zum Beispiel, eine **Zusammenfassung** der Szene, damit der Zuschauer sich nicht für die Entwicklung der Handlung interessierte, sondern dafür, *wie* es zustande kam. Das Interesse des Theaterpublikums lag also eher auf dem „Wie" als auf dem „Was". Die Szenen hatten keine enge chronologische **Folge**, sondern nur einen losen Zusammenhang. Die **Einleitung** war manchmal in der Form von einem Gedicht oder einem Lied, das von einem Sprecher oder Sänger **vorgetragen** wurde, der an der Seite der Bühne saß. Der Text der Einleitung wurde oft auf großen Plakaten gezeigt oder auf eine **Leinwand** hinter der Bühne projiziert. Diese Techniken werden „**Verfremdungseffekte**" genannt.

der Einfluss influence
aufklären to enlighten; educate
ändern to change
die Unterhaltung entertainment
nachdenken to think (about)
das Ziel aim
entwickeln to develop
die Zusammenfassung summary
die Folge sequence
die Einleitung introduction
vortragen to recite
die Leinwand screen
der Verfremdungseffekt usually: alienation effect; but better: distancing effect

Frisch met Brecht on a number of occasions and dramatic theory often formed the subject of their discussions. In addition, Brecht (who was forced to leave Germany when the Nazis came to power) had a number of his plays premiered at the Zürcher Schauspielhaus, the theatre where the first production of *Andorra* took place.

Although Frisch did not subscribe completely to Brecht's theories, there is evidence of Brecht's influence in *Andorra*, particularly in the *Vordergrund* scenes. These scenes interrupt the main action of the twelve *Bilder* and take place in a later time than the central plot. Characters from the main action appear in a kind of witness box and reflect back on their actions in the main narrative, usually claiming that they did not realise that Andri was not a Jew and asserting their innocence regarding his fate.

Frisch's intention was clearly to stir the consciences of his fellow Swiss regarding their lack of reaction to the Nazi atrocities and to make audiences at subsequent performances consider their guilt in regard to prejudices in their own age.

▲ Der Schriftsteller Bertolt Brecht

Einfluss
Gewissen
Juden
Judenstern
stempeln
Uraufführung
Ursprung
verboten
verfolgt
Verfolgung
Vergangenheits-
  bewältigung
Vorurteile

1 Füllen Sie die Lücken in den folgenden Sätzen aus. Die Wörter finden Sie im Kasten gegenüber.

1 Die .... von *Andorra* fand im Zürcher Schauspielhaus statt.

2 Zwei Hauptthemen des Stücks sind .... und ....

3 Der .... des Stücks war die Kurzgeschichte *Der andorranische Jude*.

4 Die Bevölkerung von Andorra hält Andri für einen ....

5 Die Nazis haben die Juden in Deutschland schwer ....

6 Das Einkaufen in jüdischen Geschäften war Deutschen ....

7 Juden mussten einen .... tragen und ihren Pass mit einem großen J .... lassen.

8 Der Versuch der Deutschen mit ihrer Vergangenheit zurecht zu kommen, nennt man ....

9 Max Frisch wollte das .... seiner Zuschauer wecken.

10 *Andorra* zeigt den .... von Bertolt Brecht.

2 Schreiben Sie die richtige Form des Verbs in Klammern.

1 Max Frisch und Friedrich Dürrenmatt (wohnen) in der Schweiz.

2 Frisch hat Deutschland im Jahre 1935 (besuchen).

3 Frisch (beginnen) seine Arbeit an *Andorra* im Jahr 1958.

4 Die Uraufführung von *Andorra* (sein) im Jahr 1961.

5 Die Kristallnacht (finden) am 9. November 1938 statt.

6 In dieser Nacht wurden viele jüdische Geschäfte in Brand (stecken).

7 Vergangenheitsbewältigung war ein Versuch, mit der deutschen Geschichte (zurechtkommen).

8 Die Theorien von Brecht haben *Andorra* (beeinflussen).

9 Die Vordergrundszenen (unterbrechen) die Handlung.

10 Frisch hat Brecht ein paar Mal (treffen).

3 Beantworten Sie die Fragen.

1 Aus welchem Land kam Max Frisch?

2 Welche Themen behandelt Frisch in seinen Stücken?

3 Wie heißt die Hauptperson in *Andorra*?

4 Wie hat Frisch sein Stück beschrieben?

5 Welches geschichtliche Ereignis bildet den Hintergrund zu dem Stück?

6 Wie hieß die Nacht, in der viele jüdische Geschäfte zerstört wurden?

7 Was wollten die Deutschen mit Vergangenheitsbewältigung erreichen?

8 Wie nannte Brecht die verschiedenen Techniken, die er benutzt hat, um die Illusion des Theaters zu zerstören?

9 In welchen Szenen von *Andorra* ist der Einfluss Brechts am besten zu sehen?

10 In welchem Verhältnis zu der Haupthandlung stehen diese Szenen?

Der geschichtliche und gesellschaftliche Hintergrund

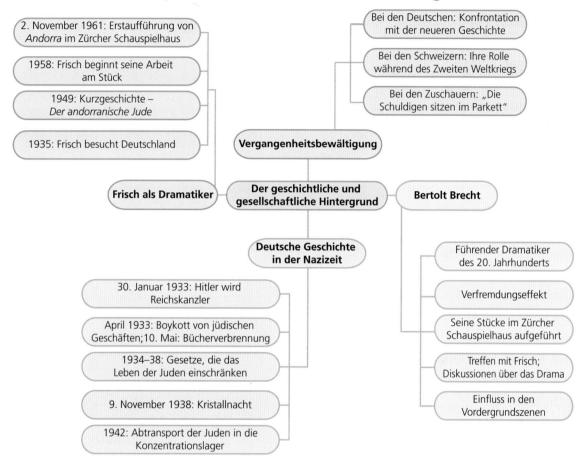

2. November 1961: Erstaufführung von *Andorra* im Zürcher Schauspielhaus

1958: Frisch beginnt seine Arbeit am Stück

1949: Kurzgeschichte – *Der andorranische Jude*

1935: Frisch besucht Deutschland

Bei den Deutschen: Konfrontation mit der neueren Geschichte

Bei den Schweizern: Ihre Rolle während des Zweiten Weltkriegs

Bei den Zuschauern: „Die Schuldigen sitzen im Parkett"

Vergangenheitsbewältigung

Frisch als Dramatiker

Der geschichtliche und gesellschaftliche Hintergrund

Bertolt Brecht

Deutsche Geschichte in der Nazizeit

30. Januar 1933: Hitler wird Reichskanzler

April 1933: Boykott von jüdischen Geschäften;10. Mai: Bücherverbrennung

1934–38: Gesetze, die das Leben der Juden einschränken

9. November 1938: Kristallnacht

1942: Abtransport der Juden in die Konzentrationslager

Führender Dramatiker des 20. Jahrhunderts

Verfremdungseffekt

Seine Stücke im Zürcher Schauspielhaus aufgeführt

Treffen mit Frisch; Diskussionen über das Drama

Einfluss in den Vordergrundszenen

Vokabeln

annehmen to accept

der Antisemitismus anti-semitism

die Bevölkerung population

das Bildnis image

der Bürger citizen

die Diskriminierung discrimination

der Einfluss influence

das Ereignis event

geschichtlich historical

das Gesetz law

das Gewissen conscience

die (Haupt-)Handlung (main) action, plot

der Hintergrund background

die Identität identity

der Jude Jew

der Judenstern Jewish star; Star of David

die Kristallnacht night of broken glass (9 November 1938)

die Macht power

der National-Sozialismus National Socialism

die Schuld guilt

schuldig guilty

die Szene scene

das Theaterstück play

das Thema theme

unterbrechen interrupt

die Uraufführung premiere (of a play)

verfolgen to persecute

die Verfolgung persecution

die Vergangenheit past

die Vergangenheitsbewältigung coming to terms with the past

der Vordergrund foreground

das Vorurteil prejudice

zurechtkommen mit to come to terms with

der Zuschauer spectator

die Zuschauer (pl) audience

3 Scene summaries

Die Liste der Personen (S. 6)

Von der Liste der Personen kann man einen ersten **Eindruck** vom Stück bekommen. Dort erfährt man, wie die Charaktere heißen, welche **Rolle** sie im Leben spielen, und vielleicht wie sie miteinander **verwandt** sind.

der Eindruck
impression
die Rolle role
verwandt related

Activity

1 Lesen Sie die Liste der Personen durch. Dann beantworten Sie die folgenden Fragen.
  1 Was ist der Unterschied zwischen den zwei Teilen der Liste?
  2 Wie viele Personen haben einen Namen und was sind diese Namen?
  3 Wie werden die anderen sprechenden Personen bezeichnet?
  4 Was macht ein Geselle?
  5 Welche Person kommt anscheinend aus einem anderen Land? Aus welchem Land vielleicht?
  6 Die Soldaten tragen eine schwarze Uniform. Welche symbolische Bedeutung hat die Farbe schwarz?
  7 Was verstehen Sie unter „Judenschauer"? Was für eine Person ist das? Wie reagiert man auf ihn?

> **TASK**
> **1** Viele Personen, die nur mit einer Rolle benannt sind, haben tatsächlich einen Namen. Während Sie das Stück lesen, führen Sie eine Liste von diesen Namen.

Das erste Bild
Barblin und der Soldat (S. 7–9)

Als das Stück beginnt, **weißelt** Barblin in **Vorbereitung** auf den kommenden Sankt-Georgs-Tag die Mauer des Hauses. Der Soldat, Peider, sieht zu. Barblin **beschwert sich** über seine **anzüglichen** Blicke. Sie sagt ihm, dass sie ihn nicht mag, und dass sie verlobt ist. Peider meint, er habe Barblin mit ihrem Verlobten nie zusammen gesehen. Der Tischlermeister kommt, gefolgt von Andri, der dessen Stock trägt. Als **Belohnung** für seine Arbeit bekommt Andri ein **Trinkgeld**, das er sofort ins **Orchestrion** wirft. Der Soldat **belächelt** das Weißeln der Häuser. Der Pater Benedikt kommt und lobt Barblin für ihre fleißige Arbeit. Er hofft aber, dass es während der Nacht nicht regnen wird, sonst wird die rote Farbe der Häuser wieder **zum Vorschein kommen**. Peider wiederholt sarkastisch diese Bemerkung.

weißeln to whitewash
die Vorbereitung preparation
sich beschweren to complain
anzüglich offensive, rude
die Belohnung reward
das Trinkgeld tip
das Orchestrion music machine; early form of juke box
belächeln to mock
zum Vorschein kommen to appear; be revealed

Activity

2 Das Visuelle spielt eine große Rolle in diesem ersten Bild. Kombinieren Sie die Sätze richtig.

1 Barblin ist ein religiöses Mädchen, weil …	A … er eine Schürze trägt und einen Teller trocknet.
2 Der Soldat ist grob, weil …	B … sie ihm ihre Zunge herausstreckt.
3 Der Tischler scheint reich zu sein, weil …	C … er gerne Musik hört.
4 Der Tischler ist geizig, weil …	D … sie Andorra auf den Festtag vorbereitet.
5 Am Anfang arbeitet Andri als Küchenjunge, weil …	E … er sein Trinkgeld sofort ins Orchestrion wirft.
6 Andri ist ein ganz normaler Junge, weil …	F … er die Vorbereitungen auf das Fest belächelt.
7 Andri ist nicht geizig, weil …	G … er ungern das Trinkgeld gibt.
8 Barblin zeigt, dass sie den Soldaten nicht mag, indem …	H … er die ganze Zeit auf Barblins Körper schaut.
9 Der Soldat ist nicht religiös, weil …	I … er behäbig aussieht.

TASK

2 Welchen ersten Eindruck bekommen Sie von dem Soldaten Peider? Fassen Sie Ihre Meinung in ein paar Sätzen zusammen.

Barblin spricht mit dem Pater und dem Jemand (S. 10–13)

äußern to express
überfallen to attack
Sorge haben to be worried
versichern to assure

friedlich peaceful
fromm pious

das Gewitter thunder storm

Barblin **äußert** ihre Angst, dass die Schwarzen Andorra **überfallen** werden. Der Pater sucht Barblins Vater Can, aber er ist nicht zu Hause. Der Pater hat **Sorge**, dass Barblins Vater zu viel trinkt, und äußert seine Meinung, dass die Andorraner nicht besser sind als die Schwarzen. Der Pater **versichert** Barblin, dass Andri sicher ist und nicht verfolgt wird. Er hofft auch, dass Barblin sich nicht mit Peider verloben wird. Er meint, es bestehe keine Gefahr, dass Andorra überfallen wird: Das Land ist zu klein und zu arm. Es ist aber **friedlich** und **fromm**. Mit dem Wunsch, dass Can morgen nicht betrunken sein wird, fährt der Pater ab. Der Jemand kommt; Andri trägt seinen Hut. Das Trinkgeld wirft er wieder ins Orchestrion. Der Jemand meint, dass es ein **Gewitter** geben könnte. Andri wählt die gleiche Platte wie das letzte Mal.

Activity

3 Füllen Sie die Lücken in diesen Sätzen aus.
1 Barblin hat Angst, dass die Schwarzen Andorra mit tausend ……… angreifen werden.
2 Der Lehrer meint, die Andorraner sind nicht ……… als die Schwarzen.
3 Pater Benedikt meint, Can soll nicht so reden, weil er ……… ist.
4 Pater Benedikt sagt Barblin, dass Andri nicht ……… wird.
5 Pater Benedikt sagt, die Äcker von Andorra seien ……… und ……… .
6 Er meint, Andorra sei ein ……… Land, weil die Leute an Gott glauben.

TASK

3 Was erfahren wir in diesem Abschnitt über die Schwarzen? Was für Leute sind sie? Schreiben Sie einen kurzen Absatz darüber.

7 Der Lehrer darf am Sankt-Georgs-Tag nicht .... sein.
8 Der Jemand meint, es könnte am Abend ein .... geben.
9 Barblin fürchtet, die Schwarzen werden die Juden an einen .... binden.
10 Sie fürchtet auch, dass die Braut von einem Juden .... werden wird.

Der Lehrer sucht eine Lehrstelle für Andri (S. 13–18)

Der Lehrer sucht eine **Lehrstelle** als Tischler für Andri, aber der Tischler **verlangt** 50 Pfund für die Lehre. Er meint, es wäre besser, wenn Andri **Makler** würde. Der Lehrer sieht einen **Pfahl** auf dem Dorfplatz, aber der Tischler scheint ihn nicht zu sehen. Der Lehrer ist böse, weil er meint, 50 Pfund sei ein **Wucherpreis**, aber er schwört, er werde das Geld zusammenkriegen. Der Wirt behauptet, er habe nichts gegen Andri und dass er ihn deswegen als Küchenjunge genommen habe. Der Pater und seine Messknaben gehen in Prozession vorbei. Der Wirt ist bereit, Land vom Lehrer zu kaufen, damit dieser das Lehrgeld hat. Die **Muttergottes** wird in Prozession vorbeigetragen. Andri sagt Barblin, dass er Tischler wird, und dass sie eines Tages heiraten werden.

Activity

4 Sind diese Sätze richtig (R) oder falsch (F)? Korrigieren Sie die falschen Sätze.
1 Aus Versehen nennt der Lehrer Andri seinen Sohn.
2 Der Tischler meint, jede Person kann Tischler werden.
3 Der Tischler meint, eine Stelle, die mit Geld zu tun hat, wäre besser für Andri.
4 Der Pfahl stand schon gestern auf dem Platz.
5 Der Lehrer meint, er kann sich die 50 Pfund für die Lehre nicht leisten.
6 Der Wirt meint, wenn es um Geld geht, dann sind die Andorraner ebenso geizig wie die Juden.
7 Um das Geld zu bekommen, wird der Lehrer Juwelen verkaufen.
8 Der Wirt hat vor, das Land zu einem spottbilligen Preis zu kaufen.
9 Barblin nimmt nicht an der Prozession teil, sondern bleibt bei Andri.
10 Am Ende des Abschnitts bleibt Andri allein auf der Bühne.

Andri und der Soldat (S. 19–23)

Der betrunkene Soldat wird aus dem Wirtshaus **herausgeschmissen**. Es gibt eine **Auseinandersetzung** zwischen dem Soldaten und Andri. Der Soldat **stellt** Andri **das Bein** und nennt ihn einen Juden. Der Soldat

Key quotation

Andorra ist ein schönes Land, aber ein armes Land. Ein friedliches Land, ein schwaches Land – ein frommes Land
(Pater Benedikt, 1. Bild, S. 11)

die Lehrstelle apprenticeship
verlangen to ask, demand
der Makler broker, estate agent
der Pfahl post
der Wucherpreis extortionate price
die Muttergottes statue of Virgin Mary

Key quotation

Die Andorraner sind gemütliche Leut, aber wenn es ums Geld geht, dann sind sie wie der Jud.
(Der Wirt, 1. Bild, S. 15; der Lehrer, S. 17)

herausschmeißen to throw sb out
die Auseinandersetzung confrontation
jemandem das Bein stellen to trip sb up

grob crude

feig cowardly

nicken to nod

grinsen to grin

Key quotation

Ich kämpfe ... bis zum letzten Mann ... lieber tot als Untertan.

(Der Soldat, 1. Bild, S. 19)

TASK

4 Der Soldat soll dem Zuschauer als eine unangenehme Person erscheinen. Finden Sie in dem ersten Bild Beispiele, um dies zu beweisen.

---

die Zeugenschranke witness box

beteuern to assert

die Unschuld innocence

singt ein **grobes** Lied und schlägt Andri seinen Lohn aus der Hand. Andri kniet auf der Straße, um sein Geld einzusammeln. Der Soldat behauptet, Andri sei **feig**, weil er Jud ist. Der Soldat sagt, dass er Andri nicht gern habe. Während des letzten Teiles dieser Auseinandersetzung hört der Idiot zu; er **nickt** und **grinst** die ganze Zeit.

Activity

5 Bringen Sie diese Sätze in die richtige Reihenfolge.
   1 Der Soldat sagt, dass Andri feig sei.
   2 Andri verlässt den Platz, weil er der Konfrontation ein Ende machen will.
   3 Andri muss sich bücken, um sein Geld aufzuheben.
   4 Der Soldat schlägt Andri das Geld aus der Hand.
   5 Der betrunkene Soldat wird aus der Kneipe herausgeschmissen.
   6 Der Soldat sagt, er möge Andri nicht.
   7 Andri sagt, dass er Tischler wird.
   8 Der Soldat sucht Barblin.

Vordergrund (S. 24)

Zu einem späteren Zeitpunkt tritt der Wirt an eine **Zeugenschranke** und **beteuert** seine **Unschuld** am Tod Andris. Er, wie die anderen Andorraner, glaubte, dass Andri ein Judenkind war, das der Lehrer gerettet hatte.

Activity

6 Beantworten Sie die folgenden Fragen.
   1 Welche Ausdrücke zeigen, dass diese Szene viel später stattfindet?
   2 Was trägt der Wirt in dieser Szene nicht mehr?
   3 Welche neue Information erfahren wir über Andri in dieser Szene?
   4 Was erfahren wir in dieser Szene über die spätere Entwicklung des Stücks? Was passiert mit Andri?
   5 Was will der Wirt in dieser Szene beweisen?
   6 Warum glaubt der Wirt, dass er unschuldig ist?

Das zweite Bild
Vor der Kammer der Barblin (S. 25–8)

die Kammer bedroom

die Schwelle threshold

ablenken to distract

Andri und Barblin sitzen auf der **Schwelle** vor Barblins Schlafzimmer. Barblin verlangt von Andri ein Zeichen seiner Liebe, aber Andris Gedanken sind durch die Bemerkungen der Andorraner über ihn **abgelenkt**. Er fängt an, sich zu fragen, ob die Andorraner recht haben, dass er Jude ist. Andri sagt, er muss Barblins Vater dankbar sein, dass er ihn vor den Schwarzen gerettet hat. Er fragt Barblin, ob sie ihn wirklich heiraten will. Barblin **versichert** ihn von ihrer Liebe. Aber Andri denkt immer noch an sein **Anderssein**. Er fürchtet, dass er so werden wird, wie die Andorraner von ihm sagen, und dass sie ihn eines Tages **töten** werden. Er fragt Barblin, ob sie den Soldaten Peider kennt.

versichern to assure
das Anderssein being different
töten to kill

▲ Andri und Barblin auf der Schwelle vor Barblins Kammer

Activity

7 Füllen Sie die Lücken aus.
   A Was macht Barblin in dieser Szene, um Andri zu einem Liebeszeichen zu locken?
      1 Sie legt sich auf seine ....
      2 Sie löst ihre ....
      3 Sie zieht ihre .... aus.
      4 Sie .... ihn.
      5 Sie verlangt viele .... von ihm.
   B Was zeigt uns in der Szene, dass Andri unruhig ist?
      6 Er fragt sich dauernd, was die anderen über ihn ....
      7 Er zweifelt daran, ob der Lärm von einer .... verursacht wurde.
      8 Das .... in der Ferne stört ihn.
      9 Er sagt Barblin, er wird sie wecken, aber er selbst kann nicht ....
      10 Er hört die .... , wenn sie schlagen.

Build critical skills

1 Was ist der Unterschied zwischen diesem Bild und dem ersten? Welche Rolle spielt dieses Bild in dem Stück?

Vordergrund (S. 29)

Diesmal steht der Tischler an der Zeugenschranke. Er gibt zu, dass die 50 Pfund, die er für die Lehre **verlangt** hat, zu viel waren. Der wahre Grund war, dass er Andri nicht in seiner **Werkstatt** wollte. Er kann

verlangen to demand
die Werkstatt workshop

nicht verstehen, warum Andri nicht Verkäufer werden wollte. Er konnte nicht wissen, sagt er, dass Andri kein Jude war, und behauptet, wie der Wirt, dass er an Andris späterem Tod nicht schuldig war.

Activity

8 Welche Sätze oder Satzteile sind genau wie die Äußerungen des Wirts in der ersten Vordergrundszene? Und wie zeigen die Sprecher in den beiden Szenen, dass sie persönlich eine positive Einstellung zu Andri hatten?

Das dritte Bild
In der Tischlerei (S. 30–5)

die Tischlerei carpenter's shop

das Rauchverbot smoking ban

untersuchen to examine, inspect

herausreißen to pull out

verraten to betray

wütend furious

die Verkaufsabteilung sales department

vergebens in vain

Andri und der Geselle haben beide einen Stuhl gemacht. Andri will in der Fußballmannschaft des Gesellen spielen. Der Geselle will ihm seine alten Fußballschuhe verkaufen. Trotz des **Rauchverbots** in der Tischlerei raucht der Geselle eine Zigarette. Der Geselle **untersucht** Andris Stuhl, aber der Stuhl ist gut, und er kann die Beine nicht **herausreißen**. Der Tischler kommt und will wissen, wer geraucht hat. Aber der Geselle verschwindet und Andri **verrät** ihn nicht. Andri will dem Tischler seinen Stuhl zeigen, aber der Tischler nimmt den Stuhl des Gesellen in die Hand. Er reißt die Stuhlbeine aus und hört nicht auf Andris Proteste, dass es nicht sein Stuhl ist. Er setzt sich auf Andris Stuhl, und er hält gut. Der Geselle gibt nicht zu, dass der kaputte Stuhl seiner ist. Andri wird **wütend** und schreit den Tischler an. Der Tischler schlägt vor, dass Andri in der **Verkaufsabteilung** arbeiten soll, wo er viel Geld verdienen kann. Andri protestiert **vergebens**, dass er Tischler werden wolle.

TASK

5 In dieser Szene gibt es Anspielungen auf die jüdische Religion: „lobpreiset eure Zedern vom Libanon" (S. 32) und „Erstens ist hier keine Klagemauer" (S. 35). Erforschen Sie diese Redewendungen im Internet und erklären Sie sie. Was zeigen sie über den Tischler?

Activity

9 Beantworten Sie die Fragen.
1 Was will der Geselle Andri verkaufen?
2 Was macht der Geselle, was in der Tischlerei verboten ist?
3 Warum kann Andri nicht Tischler werden? Was meint der Tischler?
4 Welchen Stuhl nimmt der Tischler in die Hand?
5 Womit vergleicht der Tischler die Beine des kaputten Stuhls?
6 Wie sieht der Tischler aus? Woher wissen wir das?
7 Auf welche Weise verstößt der Tischler gegen seine eigenen Regeln?
8 Wie begründet der Tischler seine Entscheidung, dass Andri in der Verkaufsabteilung arbeiten soll?
9 Welches gemeine Angebot macht der Tischler Andri?

Vordergrund (S. 36)

Diesmal tritt der Geselle an die Zeugenschranke. Er gibt zu, dass der schlechte Stuhl sein Stuhl war. Aber er versucht Andri die Schuld zuzuschieben. Er sagt, er konnte Andri nicht **leiden**. Wie die anderen Zeugen behauptet er seine **Unschuld**.

leiden to stand
die Unschuld innocence

Activity

10 Welche Ausdrücke zeigen, dass der Geselle meint, die Schuld wäre Andri zuzuschreiben? Welche Äußerung wird aus den anderen Vordergrundszenen wiederholt?

Build critical skills

2 Welche Charaktereigenschaften des Gesellen erfahren wir in dieser Szene? Schreiben Sie einen kurzen Absatz darüber.

Das vierte Bild
Andri und der Doktor (S. 37–42)

Doktor Ferrer **untersucht** Andri, aber mit komischen Methoden. Andri muss das Wort „Andorra" laut aussprechen und der Arzt untersucht seine **Kehle** mit einem Löffel. Der Arzt meint, Andri sei gesund. Der Arzt erinnert sich an Andris Vater als junger Lehrer. Er war rebellisch und hat die falschen Stellen in den **Lehrbüchern** korrigiert. Dr. Ferrer **misst** Andris Puls und preist das Land Andorra. Der Arzt macht eine antisemitische **Bemerkung**, auf die Andri mit **Erschrecken** reagiert. Der Arzt **verschreibt** Andri Tabletten und hält eine lange Rede gegen die Juden. Andri nimmt die Tabletten nicht, sondern verlässt das Zimmer. Die Mutter erklärt dem Arzt, dass Andri Jude ist. Der Lehrer kommt von der Schule zurück. Er hört die Rede des Arztes nicht gern, nimmt ihm den Hut vom Kopf und wirft ihn aus dem Haus, als **Zeichen**, dass der Arzt gehen soll.

untersuchen to examine
die Kehle throat
das Lehrbuch textbook
messen to measure
die Bemerkung remark
das Erschrecken fright, shock
verschreiben to prescribe
das Zeichen sign

Activity

11 Welche dieser Sätze sind richtig? Korrigieren Sie die falschen Sätze.
1 Der Doktor raucht einen Zigarillo, während er Andri untersucht.
2 Die lateinischen Ausdrücke des Doktors sollen die Leute beeindrucken.
3 Can hat nur das unterrichtet, was in den Lehrbüchern stand.
4 Der Doktor ist gerecht und hat keine Vorurteile.
5 Der Doktor findet die Juden im Allgemeinen freundliche Leute.
6 Andri hustet, weil er den Rauch von Dr. Ferrers Zigarillo einatmet.
7 Andri lehnt die Tabletten ab, die der Arzt ihm geben will.
8 Der Doktor weiß nicht von Andris angeblich jüdischer Herkunft.
9 Die Mutter erklärt dem Doktor, dass Andri ein Judenkind ist.
10 Der Lehrer lädt den Doktor ein, ein Glas Wein mit ihm zu trinken.

Build critical skills

3 Der Doktor soll als eine lächerliche Person erscheinen. Was zeigt uns das in dieser Szene?

Ein Familiengespräch (S. 42–8)

Can ist über den **Zwischenfall** zwischen Andri und dem Arzt sehr **aufgeregt**. Er sagt Andri, er soll nicht auf solche Reden hören und **versichert** ihm, er wird ihn **schützen**. Beim Abendessen fragt Andri, ob er Barblin heiraten darf. Der Lehrer, der weiß, dass Barblin Andris Halbschwester ist, reagiert erschrocken. Andri erzählt, dass er und Barblin sich seit der Kindheit lieben, und wie froh sie waren, als die Mutter ihnen erzählt hat, dass sie nicht verwandt seien. Der Lehrer sagt, dass sie nicht heiraten dürfen. Andri meint, der **Grund** dafür sei, dass er Jude ist. Can **regt** sich darüber **auf**, dass die Leute so oft von den Juden sprechen. Er verlässt **zornig** das Zimmer und geht ins Wirtshaus.

Activity

12 Füllen Sie die Lücken in den folgenden Sätzen aus. Die Wörter sind in dem Kasten.

1 Die Mutter ist ...., dass ihr Mann so zornig ist.
2 Der Vater sagt, Andri soll sich vor dem Arzt nicht ....
3 Can meint, er habe Andri nicht .... behandelt.
4 Can ist in dieser Szene sehr ....
5 Can ist ...., als er hört, dass Andri und Barblin heiraten wollen.
6 Barblin beginnt zu ...., als sie Cans Entscheidung hört.
7 Die Mutter benimmt sich in dieser Szene .... als der Vater.
8 Can wird wahrscheinlich in dem Wirtshaus .... werden.

aufgeregt	betrunken	fürchten	ungerecht
besorgt	erschrocken	ruhiger	weinen

Das fünfte Bild
Can spricht seine Gedanken aus (S. 49–50)

Can sitzt vor dem Wirtshaus und trinkt **Schnaps**. Er spricht seine Gedanken laut aus. Er kann sich nicht dazu bringen, die Wahrheit über Andris **Herkunft** zu sagen. Der Jemand tritt auf und fragt Can, was es Neues gibt. Er berichtet, dass die Schwarzen wieder **drohen**. Der Jemand meint, dass es in letzter Zeit ruhiger geworden sei, seitdem Andri nicht mehr da ist, und das Orchestrion nicht mehr spielt.

4 Nach dem vierten Bild gibt es keine Vordergrundszene. Inwiefern könnte man das fünfte Bild als eine Art Vordergrundszene betrachten?

Das sechste Bild
Andri vor der Kammer der Barblin (S. 51–7)

Andri schläft auf der **Schwelle** vor Barblins Schlafzimmer. Der Soldat kommt, steigt über den schlafenden Andri und tritt ins Zimmer hinein. Barblin **schreit**. Andri wird wach, aber die Zimmertür wird **zugeriegelt**. Andri sagt, wie er die Andorraner **hasst**. Er will mit Barblin das Land verlassen und zählt sein Geld zusammen. Der Lehrer kommt betrunken vom Wirtshaus zurück. Er will Andri die Wahrheit sagen, aber Andri will nicht zuhören und der betrunkene Can kann die Geschichte nicht richtig erzählen. Das Gespräch endet in einer **Auseinandersetzung** und Can geht weg. Durch die Tür berichtet Andri Barblin, was passiert ist. Die Tür wird von innen aufgemacht und der Soldat tritt heraus. Er ist barfuß, mit nacktem **Oberkörper** und gerade dabei, seine Hose **zuzuziehen**. Er droht Andri mit **Gewalt**, wenn dieser nicht verschwindet.

die Schwelle threshold

schreien to scream, shout

zuriegeln to bolt

hassen to hate

die Auseinander-setzung argument, confrontation

der Oberkörper upper body, torso

zuziehen to fasten

die Gewalt violence, aggression

Activity

13 Übersetzen Sie diese Sätze ins Deutsche.
 1 Andri is sleeping outside Barblin's bedroom.
 2 The soldier comes and enters the bedroom, by stepping over Andri.
 3 Andri has begun to hate the people of Andorra.
 4 When Andri has saved enough money, he will leave Andorra with Barblin.
 5 On account of his drunkenness Can is unable to tell Andri the truth.
 6 Andri says he owes his life to the teacher.
 7 Andri does not realise the ambiguity of this remark.
 8 Andri has now begun to behave like a Jew.
 9 It appears that the soldier has made love to Barblin.
 10 The soldier threatens Andri with violence.

Vordergrund (S. 58)

Der Soldat in Zivilkleidung steht an der Zeugenschranke. Er gibt zu, dass er Andri nicht leiden konnte, und sagt, dass er immer noch glaubt, dass Andri Jude war. Auch er will die Schuld für Andris Tod nicht auf sich nehmen. Er behauptet, er habe als Soldat nur seine Befehle ausgeführt.

Das siebte Bild
In der Sakristei der Kirche (S. 59–64)

überzeugen
to convince

das Merkmal
characteristic

der Prachtskerl
splendid fellow

die Wortwahl choice of words

misstrauisch
distrustful, suspicious

beobachten to watch, observe

betrachten
to consider

beziehen (auf)
to relate (to)

zusammenbrechen
to collapse

die Messe Mass

der Verstand sense

Andris Mutter hat den Pater gebeten, mit Andri zu sprechen. Aber es ist ein schwieriges Gespräch. Der Pater kann sich nicht dazu bringen, mit Andri über seine Identität zu sprechen, und Andri ist jetzt fest **überzeugt**, dass die anderen ihn nicht mögen und dass er die **Merkmale** eines Juden zeigt. Der Pater sagt, dass er Andri mag: Er findet ihn einen **Prachtskerl**. Aber durch seine **Wortwahl** macht er Andri **misstrauisch**. Er sagt, er habe ihn **beobachtet**, und dass er anders als die anderen sei. Andri will wissen, warum alle ihn beobachten und sagt, dass er nicht anders sein will. Er glaubt nicht, dass Can „sein Bestes" will, weil er Barblin nicht heiraten darf. Dann fängt der Priester an, Andri als typischen Juden zu **betrachten**. Er sagt, die Juden **beziehen** ihre ganzen Probleme im Leben auf die Tatsache, dass sie Juden sind. Andri **bricht** in Tränen **zusammen**, aber der Pater wird nur böse mit ihm. Während der Pater sich zur **Messe** kleidet, sagt er, Andri habe **Verstand**. Aber ironischerweise nennt er die Juden Einstein und Spinoza als große Denker. Am Ende der Szene will Andri nur weggehen. Die Szene endet mit der leeren Frage des Paters „Andri, hast du mich verstanden?"

Vordergrund (S. 65)

Der Pater kniet und macht eine **Beichte**. Er **gibt zu**, dass er damals schuldig war. Er hat ein „**Bildnis**" von Andri gemacht und teilt die **Verantwortung** für seinen Tod.

die Beichte confession

zugeben to admit

das Bildnis image

die Verantwortung responsibility

Activity

16 Welche dieser Sätze sind richtig?
1 Diese Vordergrundszene findet auch an der Zeugenschranke statt.
2 Die Szene findet vielleicht in einer Kirche statt.
3 Der Pater trägt immer noch dieselbe Kleidung wie in der Haupthandlung.
4 In Kontrast zu den anderen Vordergrundszenen spricht der Pater eher mit Gott als mit den Zuschauern.
5 Der Pater zitiert eine Stelle aus den Zehn Geboten.
6 Der Pater sagt, dass er Andri nicht gern hatte.
7 Der Pater ist anders als die anderen Andorraner, indem er seine Schuld zugibt.
8 Der Pater meint, er teile die Schuld für Andris Tod.

Das achte Bild
Auf dem Platz von Andorra (S. 66–71)

Die Andorraner haben Angst: Die Schwarzen **Truppen** sind an der Grenze und **drohen** Andorra zu **überfallen**. Der Doktor versucht seine Mitbürger zu beruhigen. Der Wirt will der Senora (aus dem Nachbarstaat) ein Zimmer anbieten. Er meint, Andorraner müssen allen Fremden gegenüber **Gastfreundschaft** zeigen. Der Soldat betont seine Bereitschaft Andorra „bis zum letzten Mann" zu **verteidigen**. Der Geselle meint, die Senora sei eine **Spitzelin**. Der Idiot bringt die Koffer und den Mantel der Senora und stellt sie auf den Platz. Der Geselle schlägt vor, man solle das Gepäck der Senora zerstören. Der Geselle tritt gegen die Koffer der Senora, aber der Wirt und der Doktor **greifen ein** und **stellen** sie wieder **zurecht**. Man solle, meinen sie, niemandem einen Grund geben, Andorra **anzugreifen**.

die Truppen troops

drohen to threaten

überfallen to attack

die Gastfreundschaft hospitality

verteidigen to defend

die Spitzelin spy

eingreifen to intervene

zurechtstellen put straight

angreifen to attack

Build critical skills

7 Lesen Sie die Bibelstelle Johannes 8:3–11. Wie bezieht sich diese Stelle auf die Szene in *Andorra*? Welches Zitat aus dem Stück steht in direkter Verbindung mit der Bibelstelle? Was will Max Frisch mit dieser Anspielung andeuten?

Activity

17 Verbinden Sie die Satzteile.

1 Die Andorraner haben Angst, …	A … Truppen an der Grenze.
2 Der Wirt will der fremden Frau …	B … bringt das Gepäck der Senora auf den Platz.
3 Der Soldat ist bereit, …	C … ein Gästezimmer anbieten.
4 Die Schwarzen haben schon …	D … stellen das Gepäck wieder zurecht.
5 Der Geselle meint, …	E … gegen das Gepäck der Senora.
6 Der Idiot …	F … gegen die Schwarzen zu kämpfen.
7 Der Geselle tritt mit dem Fuß …	G … die Schwarzen werden sie überfallen.
8 Der Wirt und der Doktor …	H … die Senora sei eine Spitzelin.

Andri und die Senora (S. 71–6)

der Zettel note, piece of paper
der Haken hook, blow
prügeln to beat
säubern to clean
verlangen to demand
der Zwischenfall incident
schweigen (über) to keep quiet (about)

Die Senora setzt sich an einen Tisch. Allmählich verlassen die Andorraner den Platz. Die Senora bestellt ein Glas frisches Wasser. Andri lässt seine Lieblingsplatte im Orchestrion spielen. Die Senora schreibt einen **Zettel** und bittet den Idioten, ihn Can zu geben. Als Andri zurückkommt, fragt Peider nach seiner Braut. Andri schlägt ihm die Mütze vom Kopf. Der Soldat schlägt Andri einen **Haken**. Andri stürzt zu Boden. Der Geselle und die anderen Soldaten halten Andri fest, während Peider ihn **prügelt**. Die Senora protestiert und die Soldaten verlassen den Platz. Die Senora **säubert** Andris Wunde. Der Wirt versucht, die Schuld für den Angriff auf Andri zu schieben. Die Senora **verlangt**, dass ein Arzt geholt wird. Sie bringt Andri zu seinem Vater. Der Arzt kommt und empfiehlt dem Wirt, über den **Zwischenfall** zu **schweigen**.

Activity

18 In dieser Szene sehen wir Kontraste zum idealen Bild von Andorra, das in den vorigen Bildern gezeigt wurde. Erklären Sie diese Kontraste, indem Sie die Sätze vollenden.
   1 Barblin weißelt die Hausmauer, um ein schneeweißes Andorra zu haben, aber …
   2 Der Doktor behauptet, Andorra sei ein „Hort des Friedens", aber …
   3 Der Wirt sagt, es gebe ein altes und heiliges Gastrecht, aber …
   4 Der Soldat sagt „ein Andorraner sei nicht feige", aber …
   5 Der Doktor behauptet, Andorra sei ein Land, wo die Menschenrechte wichtig seien, aber …
   6 Der Doktor sagt, Andorra sei ein „Volk ohne Schuld", aber …

Build critical skills

8 Lesen Sie in der Bibel die Geschichte von David und Goliath (1 Samuel 17), die in dieser Szene (S. 73) erwähnt wird. Erzählen Sie die Geschichte mit Ihren eigenen Worten. Wie ist die Geschichte in Bezug auf diese Szene zu erklären? Haben die Bibelgeschichte und der Zwischenfall in dieser Szene das gleiche Ergebnis?

Vordergrund (S. 77–8)

In dieser Szene erfahren die Zuschauer die Wahrheit über Andris **Herkunft**: Er ist kein „gerettetes Judenkind", sondern der **uneheliche** Sohn des Lehrers und der Senora. Die Senora hat von einem andorranischen **Kramer** gehört, dass ein Lehrer ein Judenkind gerettet habe. Sie hatte Can dreimal geschrieben, aber sie hat keine Antwort bekommen. Die Senora will wissen, warum Can **gelogen** hat. Die Senora und Can waren beide **feige**: Sie wollten beide die Wahrheit verschweigen. Can erklärt sich dazu bereit, den Andorranern die Wahrheit über Andri zu sagen, aber er hat Angst, dass sie ihm nicht glauben werden.

die Herkunft origin
unehelich illegitimate
der Kramer grocer
lügen to lie
feige cowardly

Activity

Diese Vordergrundszene bietet einen Kontrast zu den vorhergehenden.
19 Sind diese Sätze richtig oder falsch? Schreiben Sie zu jedem Satz eine Erklärung, um diesen Kontrast klar zu machen.
  1 Die Szene findet, wie die anderen Vordergrundszenen, an der Zeugenschranke statt.
  2 Es gibt mehr als eine Person in der Szene.
  3 Die Szene ist, wie die anderen, ein Monolog.
  4 Diese Szene unterbricht den Zeitablauf der Haupthandlung.
  5 Die Szene spielt zur selben Zeit wie die Haupthandlung.
  6 Die Personen in der Szene sagen, dass sie unschuldig seien.
  7 Can schämt sich über die Lüge und spricht sehr wenig.
  8 Diese Vordergrundszene hat keine Verbindung mit der darauffolgenden.

Das neunte Bild
Bei Andri zu Hause (S. 79–82)

Die Senora erklärt Andri, dass sie weggeht, weil man nicht will, dass sie ihm die Wahrheit sagt. Andri hat keine **Ahnung**, worüber sie spricht. Die Senora versichert ihm, dass man ihn nicht mehr **misshandeln** wird, wenn man die Wahrheit **erfährt**. Die Senora spricht von ihrer Jugendzeit

die Ahnung idea
misshandeln to ill-treat, abuse
erfahren to learn

verändern to change

begleiten
to accompany

und erzählt Andri, dass auch sie damals die Welt **verändern** wollte. Andri versteht schon wieder nicht, was sie meint. Die Senora küsst Andri, wie eine leibliche Mutter es tun würde. Can und seine Frau kommen und Can bittet Andri, die Senora auf dem Weg zu **begleiten**. Aber er soll nicht über den Platz gehen. Can hat den Pater gebeten, Andri die Wahrheit zu sagen: Er kann es selbst nicht tun. Andris Mutter sagt dem Pater Benedikt, er habe eine schwierige Aufgabe. Er hat Andri gesagt, er sei Jude. Jetzt muss er ihm erklären, dass er Andorraner ist. Andri kommt zurück und sagt, dass die Senora allein gehen wollte. Sie hat ihm ihren Ring geschenkt. Can läuft weg, um die Senora zu begleiten.

Build critical skills

9 Was für visuelle und theatralische Mittel benutzt Frisch in dieser Szene und welche Bedeutung haben sie?

Activity

20 Beantworten Sie die Fragen.
  1 Was hören wir im Hintergrund während dieser Szene?
  2 Was macht die Senora, um zu zeigen, dass sie weggehen will?
  3 Warum meint Andri, dass die Senora bleiben soll?
  4 Warum sagt die Senora, dass sie weggehen muss?
  5 Was zeigt die Senora durch ihren Kuss?
  6 Was hat der Lehrer in der Zwischenzeit seiner Frau erzählt?
  7 Wen hat Can gebeten, Andri die Wahrheit zu sagen, und warum?
  8 Warum muss Andri die Senora begleiten?

Andris zweites Gespräch mit dem Pater (S. 83–8)

zögerlich hesitantly
überzeugen
to convince

das Schicksal fate

Andri meint die Senora sei „eine fantastische Frau". Er denkt, sie sei vielleicht einmal die Geliebte seines Vaters gewesen. Der Pater erzählt **zögerlich**, dass die Senora Andris wirkliche Mutter sei, aber Andri ist jetzt **überzeugt**, dass er Jude ist. In einer langen Rede sagt er dem Pater, er habe sich beobachtet. Und es stimmt: Er habe tatsächlich die Merkmale eines Juden. In dem zweiten Teil seiner Rede spricht Andri darüber, dass er als Jude sterben werde, und er sei bereit dieses **Schicksal** anzunehmen. Can berichtet, dass die Senora durch einen Steinwurf getötet worden ist. Der Wirt behauptet, Andri habe den Stein geworfen, obwohl Andri die ganze Zeit beim Pater war.

Key quotation

Wie viele Wahrheiten habt ihr?
(Andri, 9. Bild, S. 85)

Activity

21 Schreiben Sie die richtige Form des Konjunktivs.
  1 Andri meint, die Senora .... eine fantastische Frau.
  2 Andri sagt, er .... eines Tages auswandern.
  3 Der Pater sagt Andri, die Senora .... seine Mutter.

4 Andri prophezeit, dass er eines Tages sterben ....
5 Andri wünscht, dass sein Tod bald ....
6 Der Lehrer berichtet, die Senora .... mit einem Stein getötet worden.
7 Der Wirt behauptet, Andri .... den Stein geworfen.

Vordergrund (S. 89)

Diese Szene findet, wie die vier ersten, an der **Zeugenschranke** statt. Diesmal ist der Jemand **Zeuge**. Er sagt, niemand habe **bewiesen**, wer den Stein geworfen hat. Er selbst war nicht auf dem Platz. Er will nicht die Rolle des **Richters** spielen. Er hatte **Mitleid** mit Andri, als sie ihn geholt haben. Er weiß nicht, was die Soldaten gemacht haben, als sie Andri verhaftet haben, er hat nur den Schrei gehört. Er meint, man müsse solche Sachen irgendwann vergessen.

Build critical skills

11 Wie ist diese Szene auf das Benehmen der Deutschen in der Nazizeit und in den Nachkriegsjahren zu beziehen?

Das zehnte Bild
Andri und sein Vater (S. 90–96)

Andri sitzt auf dem Platz und raucht. Er führt ein „Gespräch" mit einer **unsichtbaren** Stimme. Er **beteuert**, er habe den Stein nicht geworfen. Die Stadt ist wie ausgestorben: Man hat die Fensterläden geschlossen. Ein Lautsprecher meldet, dass man kein **Gewehr** mehr tragen darf. Der Lehrer kommt mit einem Gewehr. Andri äußert seine Sorge, dass die Andorraner ohne **Widerstand** gegen die Schwarzen kapituliert haben. Die Leute **schämen sich** und gehen wortlos über den Platz. Sie sehen sich nicht an. Schwarze **Fahnen** werden an den Häusern **gehisst**. Can kann Andri nicht davon überzeugen, dass er in Wirklichkeit sein Sohn ist, und seine einzige Zeugin, die Senora, ist tot. Can wiederholt, dass er zu feige war, die Wahrheit zu sagen. Das Geräusch von Fensterläden zeigt, dass die Andorraner Cans Geschichte nicht glauben wollen. Andri bleibt bei seiner Überzeugung, Jude zu sein. Die Andorraner kommen und geben ihre Gewehre ab. Der Soldat sieht zu, dass dies ordentlich gemacht wird. Can **beschimpft** die Andorraner, weil sie widerstandslos kapituliert haben, und will auf sie schießen. Andri wirft eine Münze ins Orchestrion ein, das seine bekannte Melodie spielt.

Build critical skills

10 Vergleichen Sie die zwei Gespräche zwischen Andri und dem Pater.

die Zeugenschranke witness stand
der Zeuge witness
beweisen to prove
der Richter judge
das Mitleid sympathy

TASK
9 Welche Äußerungen des Jemands deuten auf die Ereignisse in den folgenden Szenen hin?

unsichtbar invisible
beteuern to assert
das Gewehr rifle

der Widerstand resistance
sich schämen to be ashamed
die Fahne flag
hissen to raise (a flag)

beschimpfen to scold

TASK

10 Was ist zwischen der neunten und der zehnten Szene passiert?

Build critical skills

12 Der Anfang dieser Szene betont Andris Isolation. Wie wird diese Isolation auf der Bühne gezeigt?

Key quotation

Ich weiß, wer meine Vorfahren sind. Tausende und Hunderttausende sind gestorben am Pfahl, ihr Schicksal ist mein Schicksal.

(Andri, 10. Bild, S. 95)

Activity

22 Beantworten Sie die Fragen.
  1 Was will Andri nicht tun?
  2 Warum glaubt Andri, dass er nichts zu befürchten hat?
  3 Was zeigt dem Zuschauer, dass die Andorraner sich den Schwarzen unterwerfen wollen?
  4 An welches geschichtliche Ereignis erinnert diese Szene?
  5 Was droht Can zu tun, um zu beweisen, dass er die Wahrheit sagt?
  6 Woran erkennt man, dass die Andorraner den Schwarzen keinen Widerstand leisten?
  7 Was erkennen wir über den Soldaten in dieser Szene?
  8 Durch welche theatralischen Mittel schafft Frisch eine Atmosphäre der Bedrohung in dieser Szene?
  9 Wie werden wir am Ende der Szene an die Anfangsszenen erinnert?
  10 Was zeigt dies über Andri?

Vordergrund (S. 97)

Diese Vordergrundszene spielt auch zur selben Zeit wie die Haupthandlung. Aber es wird kein Wort gesprochen. Zwei Soldaten in schwarzer Uniform mit Maschinenpistolen gehen auf der Bühne hin und her. Das Orchestrion spielt weiter.

Build critical skills

13 Wie ist diese Szene dramatisch zu verstehen? Was für einen Eindruck sollen die Soldaten auf die Zuschauer machen? Was unterscheidet diese Szene von den anderen Vordergrundszenen? Wie ist die Musik? Mit welcher Person assoziieren wir die Musik und was bedeutet das für diese Person?

Das elfte Bild
Vor der Kammer der Barblin (S. 98–103)

eindringlich urgently, insistently
verstecken to hide
behandeln to treat
die Fensterscheibe window pane

Andri will wissen, ob Barblin oft mit Peider geschlafen hat. Er fragt so oft und so **eindringlich**, dass Barblin zu weinen beginnt. Andri hat Angst, dass die Schwarzen ihn suchen. Barblin ist bereit, Andri zu **verstecken**. Sie gehen in ihre Kammer. Andri **behandelt** Barblin immer noch als seine Geliebte und verlangt, dass sie sich auszieht und ihn küsst. Das Zerbrechen einer **Fensterscheibe** zeigt, dass die Verfolger näher kommen. Es wird an der Haustür geklingelt und dann dagegen geschlagen. Andri hört nicht auf Barblins Bitten, sich zu verstecken. Die Soldaten brechen in das Haus ein und suchen „unseren Jud". Als Andri **verhaftet** wird, protestiert Barblin, weil er ihr Bruder sei. Andri wird weggeführt und der Soldat sagt, dass alle vor den **Judenschauer** gehen müssen.

verhaften to arrest
der Judenschauer 'Jew-Seeker'

Activity

23 Schreiben Sie die Sätze mit der richtigen Form des Verbs.
   1 Andri will wissen, wie oft Barblin mit Peider (schlafen) hat.
   2 Wegen Andris Fragen (anfangen) Barblin … zu weinen.
   3 Durch die Trommeln in der Ferne wird der Anfang der Suche (andeuten).
   4 Andri will, dass Barblin (sich ausziehen).
   5 Barblin meint, dass Andri verrückt (werden).
   6 Es wird mit Gewalt in das Haus (einbrechen)
   7 Barblin protestiert, dass Andri ihr Bruder (sein).
   8 Andri wird (fesseln) und (abführen)

Build critical skills

14 Das elfte Bild bietet absichtlich einen Kontrast zu dem zweiten Bild. Lesen Sie das zweite Bild nochmals und schreiben Sie einen Absatz darüber, wie Andri und Barblin sich in diesen Szenen verschieden benehmen.

TASK

11 In dieser Szene wird das Näherkommen der Soldaten durch verschiedene Geräusche angezeigt. Schreiben Sie eine Liste dieser Geräusche in der richtigen Reihenfolge. Kommentieren Sie die Entwicklung dieser Geräusche im Laufe der Szene.

Vordergrund (S. 104–5)

Diese Vordergrundszene findet wieder an der Zeugenschranke statt. Diesmal ist der Doktor an der Reihe. Obgleich er sagt, er werde sich „kurz fassen", ist dies die längste der Vordergrundszenen. Er behauptet, er wisse nicht, wie er sich anders hätte **verhalten** sollen. Er habe damals seine Meinung deutlich ausgesprochen und **bedauert**, dass sich alle in Andri **getäuscht** hätten. Seine Bemerkung, er habe die „Schlägerei" nicht gesehen, deutet auf die Handlung in der kommenden letzten Szene. Er gibt aber zu, dass Andris Benehmen „etwas Jüdisches" hatte. Er wiederholt, wie die anderen an der Zeugenschranke, er sei unschuldig.

verhalten to behave
bedauern to regret
täuschen to be deceived

Activity

24 Translate the following sentences into German.
   1 The last person to appear at the witness stand is the doctor.
   2 Although he says he is going to be brief, the doctor gives the longest speech of all the witnesses.
   3 The doctor says that he still holds the post of local doctor today.
   4 The doctor regrets the events which took place in those days.
   5 The doctor thinks that there was definitely something Jewish about Andri's behaviour.

Das zwölfte Bild
Gespräch unter den Andorranern (S. 106–15)

das Tuch cloth
austeilen to distribute

sich weigern to refuse
beschuldigen
to accuse

der Mörder murderer

bestätigen to confirm

Die Andorraner stehen auf dem Platz. Schwarze **Tücher** werden **ausgeteilt**. Die halbverrückte Barblin geht von Gruppe zu Gruppe und spricht mit den Leuten. Aber sie kehren ihr den Rücken. Es wird über Andri gesprochen: Man meint jetzt, er sei kein Jude; die Schwarzen haben ihn gesucht und gefunden. Der Wirt behauptet nochmals, er habe den Stein nicht geworfen, und zeigt, was er damals „sah". Der Judenschauer geht über den Platz. Der Doktor versichert den Leuten, der Judenschauer mache nie einen Fehler. Alle ziehen die Tücher über den Kopf, aber der Wirt **weigert** sich, das zu machen. Der Lehrer kommt und **beschuldigt** den Wirt, den Stein geworfen zu haben. Alle Andorraner ziehen die Schuhe aus. Der Lehrer wiederholt mehrmals, dass Andri sein Sohn sei, und dass einer von den Andorranern ein **Mörder** sei. Die Andorraner stellen ihre Schuhe in eine Reihe. Der Soldat erklärt ihnen, wie die Judenschau stattfindet. Can fragt nach dem Pater, der die Wahrheit **bestätigen** kann, aber er ist nicht da.

Activity

25 Kombinieren Sie die Satzteile.
1 Der Doktor versichert den Andorranern, …
2 Barblin ist verrückt geworden, …
3 Durch das Vermummen …
4 Der Wirt besteht immer noch darauf, …
5 Can versucht ein letztes Mal die Andorraner zu überzeugen, …
6 Can ist empört, …
7 Die Andorraner müssen die Schuhe ausziehen …
8 Es ist traurig, dass der Pater fehlt, …

A … dass Andri sein wirklicher Sohn sei.
B … verlieren die Andorraner ihre Individualität.
C … der Judenschauer irrt sich nie.
D … und barfuß am Judenschauer vorbeigehen.
E … weil er die Wahrheit hätte sagen können.
F … und niemand will mit ihr sprechen.
G … dass die Andorraner einen Mörder unter sich dulden.
H … dass Andri den Stein geworfen habe.

TASK
12 Obgleich im Stück nie ausdrücklich gesagt wird, wer die Senora ermordet hat, gibt es in dieser Szene deutliche Hinweise darauf, dass der Wirt der Mörder ist. Welche Aspekte seines Benehmens in diesem Teil der Szene führen die Zuschauer zu diesem Glauben?

Die Judenschau (S. 115–24)

Der Judenschauer kommt auf den Platz. Er verlangt die erste Person, und der Idiot tritt vor. Barblin wirft ihr Tuch vor die Füße des Judenschauers. Sie behauptet, kein Andorraner wird sich **untersuchen** lassen. Sie wird von den Soldaten weggeführt. Jetzt kommen die Andorraner **vermummt** der Reihe nach. Als die Andorraner vorbeigegangen sind, nehmen sie ihre Schuhe. Der Doktor kann seine Schuhe nicht finden und protestiert laut und lange. Der Judenschauer pfeift dreimal, aber es ist kein Jude, sondern der Jemand. Er benimmt sich so, weil er Angst hat. Der Judenschauer winkt, dass er weitergehen darf. Es wird nochmals gepfiffen. Als der Lehrer das Tuch von der Person abnimmt, **entpuppt** sie sich als Andri. Er wird festgenommen. Die Mutter bestätigt, dass Andri der Sohn von ihrem Mann sei und dass er zu Hause gewesen sei, als die Senora getötet wurde. Der Judenschauer **mustert** Andri nochmals. Das Geld, das aus seinen Taschen fällt, wird als „Judengeld" bezeichnet. Die Soldaten versuchen, Andri den ihm von der Senora geschenkten Ring abzunehmen. Man hört einen lauten Schrei und Andri wird abgeführt. Der Lehrer sagt den Andorranern, sie sollen nach Hause gehen. Der Tischler, der Doktor und der Wirt verschwinden in die **Pinte**. Die Szene wird dunkel, und das Orchestrion fängt von alleine an, seine **übliche** Platte zu spielen.

untersuchen to examine

vermummen to mask, disguise

(sich) entpuppen to be revealed as

mustern to examine, inspect

die Pinte pub

üblich usual

▲ Der Judenschauer mustert den Jemand

Build critical skills

15 Der Judenschauer tritt nur in dieser Szene auf. Was macht er (und was macht er nicht)? Was für einen Eindruck soll er erwecken?

16 Wie benehmen sich die Andorraner in dieser Szene und zu welchem Zweck?

Key quotation

Geht heim vor euren Spiegel und ekelt euch.

(Der Lehrer zu den Andorranern, 12. Bild, S. 123)

Activity

26 Füllen Sie die Lücken in den Sätzen aus.
1 Der Judenschauer teilt seine Befehle durch .... mit.
2 Die Andorraner müssen ihre .... ausziehen.
3 Zur Untersuchung sind alle Leute ....
4 Nach der Untersuchung darf man das .... abnehmen.
5 Die Soldaten umringen Andri und wollen ihm seinen .... abnehmen.
6 Als die Soldaten Andri angreifen, hören wir einen ....
7 Andris Finger wird von den Soldaten ....
8 Der Lehrer meint, die Andorraner sollen sich zu Hause vor den .... stellen.

Barblin trauert um Andri (S. 124–7)

geschoren shorn

den Verstand verlieren to lose one's mind

verwirrt confused

Selbstmord begehen to commit suicide

Als es wieder hell wird, kniet Barblin und weißelt das Pflaster des Platzes. Ihr Haar ist **geschoren** worden. Der Pater meint, sie habe **den Verstand verloren**. Aber ihre **verwirrte** Rede versteckt unangenehme Wahrheiten. Der Soldat kommt. Barblin bezeichnet sich als „die Judenhure". Die beunruhigten Andorraner verlangen, dass sie weggebracht wird. Der Pater berichtet, dass der Lehrer im Schulzimmer **Selbstmord begangen** habe. Pater Benedikt will Barblin nach Hause führen, aber sie fragt ihn, wo er war, als man Andri geholt hat. Als er sie wegführen will, bleibt sie stehen und holt Andris Schuhe. Sie stellt sie auf die Bühne, damit er sie finden kann, „wenn er wiederkommt".

Key quotation

Wenn er wiederkommt, das hier sind seine Schuh.

(Barblin, 12. Bild, Schlusszeile, S. 127)

Activity

27 Kommentieren Sie (zwei oder drei Sätze) die folgenden Aussagen aus dieser Szene.
1 Ich weiße.
2 Blut, Blut, Blut überall.
3 Er soll mich in Ruh lassen, er hat ein Aug auf mich, ich bin verlobt.
4 Die Judenhure Barblin.
5 Haben Sie einen Finger gesehen?
6 Sie sucht ihr Haar.

Build critical skills

17 Kommentieren Sie das Ende des Stücks. Wie würden Sie als Zuschauer reagieren?

1 Wo und wann findet das erste Bild statt?

2 Wie ist das Verhältnis zwischen Andri und Barblin im ersten Bild?

3 Wie ist das Verhältnis zwischen Andri und Peider?

4 Was erfahren wir in der ersten Vordergrundszene über Andri?

5 Wie unterscheiden sich Andri und Barblin im zweitem Bild?

6 Was zeigt uns das zweite Bild über Andri?

7 Was gibt der Tischler in seiner Vordergrundszene zu?

8 Welchen Stuhl nimmt der Tischler in die Hand und was macht er damit?

9 Was behauptet er die ganze Zeit? Was will er beweisen?

10 Woher wissen wir, dass Andris Stuhl gut ist?

11 Welche Stelle schlägt der Tischler für Andri vor und warum?

12 Warum meint der Doktor, er habe keinen Erfolg in seiner Karriere gehabt?

13 Welche Frage stellt Andri dem Lehrer im vierten Bild?

14 Warum ist das nicht möglich?

15 Wer schleicht in Barblins Zimmer, während Andri im sechsten Bild schläft?

16 Wie sieht er am Ende der Szene aus?

17 Wo findet das Bild mit dem Pater statt?

18 Warum gefällt Andri dem Pater?

19 Was glaubt auch der Pater über Andri?

20 Was beichtet der Pater in seiner Vordergrundszene?

21 Warum sind die Andorraner im achten Bild über den Wirt verärgert?

22 Was muss Andri tun, als die Senora weggeht?

23 Was muss der Pater im neunten Bild versuchen, Andri zu sagen?

24 Aber wovon ist Andri jetzt überzeugt?

25 Was meldet der Lehrer, als er zurückkommt und wer soll das gemacht haben?

26 Was zeigt im zehnten Bild Andris Isolierung?

27 Was versucht der Lehrer Andri in diesem Bild zu sagen?

28 Was will Andri im elften Bild über Barblin wissen?

29 Warum hat Andri Angst?

30 Was müssen alle Andorraner im zwölften Bild machen?

31 Wie gibt der Judenschauer seine Befehle?

32 Wie ist Barblin am Ende des zwölften Bildes und was macht sie?

Eine Übersicht des Dramas

Bild 1: Platz von Andorra. Barblin weißelt. Peider guckt zu. Pater lobt Barblins Arbeit. Lehrer sucht eine Lehre für Andri. Wirt kauft Land vom Lehrer. Soldat mobbt Andri. *Vordergrund: Wirt*

↓

Bild 2: Vor Barblins Kammer. Die Liebe zwischen ihr und Andri. *Vordergrund: Tischler*

↓

Bild 3: In der Tischlerei. Geselle bietet Andri eine Stelle in der Fußballmannschaft an. Gibt nicht zu, dass er geraucht hat. Tischler reißt den Stuhl auseinander. Meint, Verkäufer sei ein besserer Beruf für Andri. *Vordergrund: Geselle*

↓

Bild 4: Stube beim Lehrer. Doktor untersucht Andri. Sein Hass gegen die Juden. Andri will Barblin heiraten, aber Can lehnt den Heiratsantrag ab.

↓

Bild 5: Can sagt, dass er eines Tages die Wahrheit sagen werde.

↓

Bild 6: Vor Barblins Kammer. Lehrer schafft es nicht, Andri zu sagen, dass er sein Sohn ist. Peider kommt aus der Kammer der Barblin. *Vordergrund: Soldat*

↓

Bild 7: In der Sakristei. Pater schafft es nicht, dass Andri sein Andersein akzeptiert. *Vordergrund: Pater beichtet seine Schuld.*

↓

Bild 8: Platz von Andorra. Die Schwarzen drohen einen Angriff. Die Senora sucht Unterkunft in der Gaststätte. Andri wird vom Soldaten geprügelt. Die Senora sorgt für ihn. *Vordergrund: Lehrer und Senora. Lehrer will die Wahrheit sagen.*

↓

Bild 9: Stube beim Lehrer. Senora macht sich auf den Weg, ohne die Wahrheit gesagt zu haben. Pater soll Andri sagen, dass er kein Jude ist, aber Andri hält an seinem Bildnis fest. Man meldet, jemand habe die Senora getötet. Andri ist angeblich der Mörder. *Vordergrund: Jemand*

↓

Bild 10: Platz von Andorra. Andri behauptet seine Unschuld. Einmarsch der Schwarzen. Andri will nicht glauben, dass er Cans Sohn ist. *Vordergrund: Schwarze Soldaten*

↓

Bild 11: Vor der Kammer der Barblin. Andri will wissen, wie oft sie mit Peider geschlafen hat. Die Soldaten suchen Andri. Er wird gefesselt und abgeführt. *Vordergrund: Doktor*

↓

Bild 12: Platz von Andorra. Judenschau. Judenschauer identifiziert Andri als Jude. Er wird abgeführt. Die verrückt gewordene Barblin stellt seine Schuhe auf die Bühne, falls er zurückkommt.

Vokabeln

anders different
der Außenseiter outsider
der Befehl order
das Bild (*here*) scene
das Blut blood
ehrgeizig ambitious
ermorden to murder
feige cowardly
die Freiheit freedom
der/die Fremde stranger
das Gemüt heart, soul
das Gewehr rifle
die Halbschwester/der Halbbruder half-sister/brother
heiraten to marry
die Kammer bedroom
die Lehre apprenticeship
die Lüge lie
das Orchestrion juke box
der Pfahl post
pfeifen to whistle
scheren (geschoren) to shear (shorn)
der Stein stone
der Tod death
töten to kill
das Tuch cloth
(un)ehelich (il)legitimate
verloben to get engaged
vermummen to mask, disguise
verrückt mad
die (Vordergrund)szene (foreground) scene
die Wahrheit truth
weißeln to whitewash
der Widerstand resistance
der Zeuge witness
die Zeugenschranke witness box

In *Andorra* we can find the following themes:

- *Vorurteil und Bildnis* (prejudice and image-making)
- *Schuld und Verantwortung* (guilt and responsibility)
- *Religion* (religion)
- *Symbole* (symbols)
- *Geld* (money)

Das Thema Vorurteil und Bildnis

Max Frisch hat sein Theaterstück *Andorra* als „ein Modell" beschrieben. Das Wort „Modell" kann man so verstehen, dass er ein menschliches Problem, das in vielen Formen **vorkommt**, an einem einzigen Beispiel **darstellen** wollte. Das Hauptthema des Stücks ist die **Entwicklung** von **Vorurteilen** über eine **Minderheit** in der Gesellschaft. Das erläutert Frisch durch das Beispiel von Antisemitismus – die Ausgrenzung der Juden wegen (angeblich) bestimmter negativer **Merkmale** in ihrem Charakter. Als Frisch 1961 das Stück geschrieben hat, war Antisemitismus und die Nazi-Verfolgung der Juden in den Jahren zwischen 1933 und 1945 ein noch **aktuelles** Thema, mit dem die Deutschen noch zurechtkommen mussten, aber das Problem im Allgemeinen bezieht sich auf andere Länder und andere Perioden in der Geschichte. *Andorra* könnte ein Modell sein: für die **Sklaverei** in den Vereinigten Staaten im 19. Jahrhundert, oder für die Diskriminierung gegen die Schwarzen in Amerika in den Jahren bis 1968 oder in Südafrika von 1948 bis 1991. Bezogen auf unser Zeitalter könnte das auch die sogenannte „**ethnische Säuberung**" in Kroatien in den 90er Jahren des 20. Jahrhunderts sein, oder die Diskriminierung gegen bestimmte Gruppen in unserer heutigen Gesellschaft: **Flüchtlinge** aus anderen Ländern, Gastarbeiter in Deutschland in den 60er Jahren oder die Behandlung von **Schwulen** (Homosexuellen) in den Gesellschaften von heute. Die Beispiele sind fast zahllos.

Obgleich die Einwohner Andorras behaupten, ihr Land sei „ein friedliches Land … ein frommes Land" (der Pater, 1. Bild, S. 11) und die Andorraner seien „gemütliche Leut" (der Wirt, S. 15), zeigen sie alle Vorurteile gegen den sogenannten Juden Andri. Der Soldat zeigt ganz deutlich seine **Abneigung** gegen Andri („…'s ist nicht zum Lachen, wenn einer Jud ist", 1. Bild, S. 20). Der Tischler (3. Bild) hat ein hohes Lehrgeld verlangt, weil er ihn nicht in seiner Werkstatt haben will. Er meint, dass ein Jude nicht Tischler werden kann, und schlägt vor, dass die Stelle eines Verkufers für Andri **geeigneter** ist. Der Doktor ist ein überzeugter

---

vorkommen to occur

darstellen to present

die Entwicklung development

das Vorurteil prejudice

die Minderheit minority

das Merkmal feature, characteristic

aktuell current

die Sklaverei slavery

die ethnische Säuberung ethnic cleansing

der Flüchtling refugee

der/die Schwule gay

die Abneigung dislike

geeignet suitable

Judenhasser und sieht in den Juden den Grund für seine **erfolglose** Karriere („Sie hocken auf allen Lehrstühlen der Welt", 4. Bild, S. 40). Er äußert seine Meinungen, während er Andri untersucht („… jeder Jud (soll) in den Boden versinken, wenn er den Namen unseres Vaterlands hört", (S. 39). Der Wirt lässt auch seine Gefühle deutlich werden, als er über die **Geldgier** der Andorraner spricht: „Die Andorraner sind gemütliche Leut, aber wenn es ums Geld geht … dann sind sie wie der Jud" (1. Bild, S. 15).

erfolglos unsuccessful

die Geldgier avarice

Frisch links the behaviour of the Andorrans with the Old Testament commandment 'Thou shalt not make to thyself any graven image' (Exodus 20:4) ('Du sollst dir kein Bildnis machen von Gott, deinem Herrn, und nicht von den Menschen, die seine Geschöpfe sind', Der Pater, Vordergrund after Scene 7, p. 65). The Andorrans have transgressed against this commandment in that they have imposed upon Andri all their negative images of the Jew. They accuse him of being (like all Jews) avaricious (cf. der Tischler, Scene 3, p. 35: 'Das ist's was deinesgleichen im Blut hat'; der Wirt, Scene 1, as above; and the soldier, Scene 1, p. 21: 'So'n Jud denkt alleweil nur ans Geld'), and of being cowardly (cf. the soldier, p. 22: 'Du hast Angst … weil du feig bist'; and the carpenter, Scene 3, p. 31: 'Wenn du wenigstens den Schneid hättest'). The doctor accuses the Jews of being ambitious ('Das Schlimme am Jud ist sein Ehrgeiz', Scene 4, p. 40) and they are said to be lustful and without feeling ('Meinesgleichen, sagen sie, ist geil, aber ohne Gemüt', Andri, Scene 2, p. 25). However, the image of Andri conveyed in the play is exactly the opposite of the image the Andorrans seek to impose on him (see p. 42 of this Guide)

Key quotation

Tischler werden ist nicht einfach, wenn's einer nicht im Blut hat.
(Der Tischler, 3. Bild, S. 32)

TASK

1 Andri passt nicht zum Image, das die Andorraner von einem Juden haben. Schreiben Sie einen Absatz, um das zu beweisen.

The Andorrans, however, themselves display the vices which they project onto others. The soldier, who boasts of his bravery, shows himself to be a coward by tripping Andri up (Scene 1, p. 20); he enlists the help of other soldiers to beat Andri up (Scene 8, p. 74). When the Schwarzen invade, he deserts to the other side to save his own skin. The apprentice twice shows his cowardice when he fails to admit to smoking in the workshop (Scene 3, p. 31) and that the poorly made chair is his (p. 33).

The soldier views Barblin only as a sex object. He forces his way into her room and may (the question is left open in the play) have raped her (Scene 6, p. 57). The carpenter, who says the Jews only think of money, demands an extortionate price for Andri's apprenticeship (Scene 1, p. 13) and makes Andri a mean offer (Scene 3, p. 35) as a reward for good salesmanship. The landlord, too, exploits Can's desperate situation to buy land off him at a reduced price. He offers a room to the Senora solely in order to make money, and having praised 'das heilige Gastrecht' in Andorra, appears to be the Senora's murderer.

The priest says that he considers Andri 'ein Prachtskerl' (Scene 7, p. 61) and that he finds Andri better than all the others, but even he, the man of God, is guilty of prejudice when he attempts to persuade Andri to accept his Jewishness: 'Du bist nicht feig, Andri, wenn du es annimmst, ein Jud zu sein' (p. 64). At the witness stand he alone among the Andorrans admits that he has made an image of Andri ('Auch ich habe mir ein Bildnis gemacht von ihm', p. 65)

Only the teacher and Barblin stand out against this prejudice. Can (although it is his initial lie about Andri's origin that has brought about the situation) protests about the constant references to the Jews (cf. his speech, Scene 4, p. 47). Barblin shows genuine love for Andri ('Ich denke an dich, Andri, den ganzen Tag … weil ich dich liebe vor allen andern', Scene 2, p. 27) and when the Judenschauer is expected, she moves among the Andorrans trying to persuade them to resist and to save Andri.

However, the constant projection of the Andorrans' prejudices onto Andri finally have an effect on him. He gradually begins to conform to the image the Andorrans have of him (see Guide, p. 39) and to doubt his own identity: 'Ich weiß nicht, wieso ich anders bin als alle' (Scene 2, p. 27). The stages of his disintegration are clearly shown in the play (Guide, p. 54). He internalises the nature of the Jew: 'Hochwürden, das fühlt man … Ob man Jud ist oder nicht.' He associates himself the Jewish race and knows that he will share their fate (Guide, p. 54)

Finally, when the Schwarzen invade, he is identified by the Judenschauer as a Jew and is put to death. He has fully accepted his image and silently accepts his fate. The fact that apart from his cry he does not speak a single line in the final scene is both an indication of his martyrdom and a damning indictment of the behaviour of the Andorrans.

The 'Modell' *Andorra* provides us with a striking example of prejudice in society, the means by which it is effected and the effect which it can have on suffering minorities. The play is as relevant today as it was to the historical context to which it alludes.

Das Thema Schuld und Verantwortung

wiederkehren
to return

die Aussage
statement

die Unschuld
innocence

beschuldigen
to accuse

zugeben to admit

„Ich bin nicht schuld" ist die immer **wiederkehrende Aussage** der Andorraner in den Vordergrundszenen. In verschiedenen Variationen von diesem Satz beteuern der Wirt (nach dem 1. Bild), der Tischler (2. Bild), der Geselle (3. Bild), der Doktor (11. Bild) ihre **Unschuld**. Der Soldat (6. Bild) spricht nicht von Unschuld, sondern greift auf seine Rolle als Soldat zurück: „Ich hab nur meinen Dienst getan." Der Jemand will niemanden **beschuldigen** und meint, die Ereignisse der Vergangenheit sollten vergessen werden. Nur der Pater (7. Bild) **gibt** seine Schuld **zu**: „Auch ich bin schuldig."

Es wird nicht deutlich erklärt, was für ein **Prozess** in den Vordergrundszenen stattfindet. Wird der Tod Andris untersucht? Wir wissen es nicht. Aber die Andorraner benehmen sich, als ob sie selbst **vor Gericht stehen**. Sie versuchen, ihre **Verantwortung** am Tod Andris zu **leugnen**. Die Vordergrundszenen, die Jahre später als die Haupthandlung stattfinden, zeigen, dass die Andorraner **sich** in der Zwischenzeit nicht **geändert** haben. Sie haben die **Ursachen** für Andris Tod und ihre persönliche Verantwortung nicht **überlegt**. Wie der Doktor sagt (12. Bild, S. 106) „Andorra bleibt andorranisch".

der Prozess trial
vor Gericht stehen to be on trial
die Verantwortung responsibility
leugnen to deny
sich ändern to change
die Ursache cause
überlegen to consider

The Schwarzen are the ones who actually bring about Andri's death, but an element of guilt can be found in each of the Andorrans. The teacher, Can, bears responsibility through his initial failure to admit that Andri is his own illegitimate child. Rather than face public humiliation, he invented the lie of having rescued a Jewish child from the neighbouring country of the Schwarzen and has even accepted the praise of his fellow countrymen for having brought up the child as his own. His lie is intensified by the fact that he is praised for his insistence on truth in the Andorran schoolbooks. He made his pupils cross out the incorrect statements (Scene 4, p. 38). By the time he is prepared to state the truth, it is too late. Andri's fate is sealed. His suicide at the end of the play may be seen as his passing judgement on himself.

Equally the Senora has remained silent about her illegitimate child. She too was afraid of the reaction of her people. Rather than owning up to the truth, she allows herself to be persuaded not to say anything ('Da man also nicht wünscht, daß ich es dir sage, Andri, weswegen ich gekommen bin, ziehe ich jetzt meine Handschuhe an und gehe', Scene 9, p. 79). Her arrival in Andorra would have allowed her to intervene, but she lets the opportunity pass and thus shares in the responsibility for Andri's death.

The landlord also shares a large responsibility for Andri's fate. He appears to be the one who killed the Senora with the stone, but he claims that Andri was the murderer, thus giving the Schwarzen a reason for their invasion of Andorra, which ultimately leads to Andri's death. When charged with his guilt, the landlord does not own up to his crime (Scene 12, p. 111), but puts on his mask and disappears into the anonymity of the crowd.

Although the priest admits at the witness stand that he shares in the responsibility for Andri's death, it is his failure to act which allows it to happen. At the time of the murder of the Senora, Andri was in conversation with the priest (cf. Scene 9, p. 88) and could not therefore have committed the crime. The priest could have given Andri an alibi, but in the final scene he is missing. Can says that the priest knows the truth ('Wo bleibt der Pater in dieser Stunde? …

Der Pater weiß die Wahrheit', Scene 12, p. 115), but he appears to have taken refuge in his religious role and is praying for Andri, rather than intervening on the side of truth. This significant abnegation of responsibility is the cause of Barblin's later accusation: 'Wo, Pater Benedikt, bist du gewesen, als sie unsern Bruder geholt haben?' (p. 127).

The soldier contributes directly to Andri's death. After the Schwarzen invade, he, in his cowardice, changes sides and begins to serve in the other army. He organises the *Judenschau* and is therefore complicit in Andri's murder. He continues to bully Andri as he did at the beginning and shares with the other soldiers in cutting off Andri's finger. His laconic 'Der braucht jetzt keine Schuhe mehr' is indicative of his total lack of remorse.

The Somebody is representative of all the Andorrans in that he takes no action to prevent Andri's death. He is the embodiment of Edmund Burke's famous statement: 'The only thing necessary for the triumph of evil is for good men to do nothing.' At the witness stand he does not wish to apportion blame and seeks to forget the whole affair. His passive attitude contributes to the spread of racism and hatred.

Individually and collectively the Andorrans all share the responsibility for Andri's death. They are all guilty of making a graven image, imposing it on Andri and not being willing to deviate from it. One of the purposes of the cloths in the final scene is that all the Andorrans become part of an indistinguishable crowd. Their guilt is hidden behind their facade of anonymity. And as we have seen at the witness stand, they remain completely unchanged by events. However, it can also be said that Andri himself shares part of the guilt for accepting the image which is imposed upon him. Even when he knows the truth, he does not accept it. He refuses to change his self-image and therefore brings his death upon himself.

In portraying guilt and responsibility in this way, Frisch was seeking to stimulate discussion about the failure of the German people to resist the atrocities of the Nazis towards the Jewish people in the years between 1933 and 1945. But he was also challenging the Swiss audiences of his own day to consider their stance of neutrality during the Second World War, their attitude to the events in the country of their German-speaking neighbours, and their failure as a country to take in Jewish refugees. He made this abundantly clear in an interview with the German weekly newspaper *Die Zeit* (3 November 1961) in which he said:

> Die Schuldigen sitzen ja im Parkett, sie, die sagen dass sie es nicht gewollt haben. Sie, die schuldig wurden, sich aber nicht mitschuldig fühlen. Sie sollen erschrecken, sie sollen, wenn sie das Stück gesehen haben, nachts wachliegen. Die Mitschuldigen sind überall.

Das Thema Religion

Max Frisch präsentiert sein Drama über die **Entwicklung** von Vorurteilen **mit Beziehung auf** die **Verfolgung** der Juden in der Geschichte und besonders in der Nazizeit. Er benutzt das zweite **Gebot** (Du sollst dir kein **Bildnis** machen, Exodus 20:4), um zu zeigen, wie die Andorraner ein Bildnis von einem typischen Juden (**geldgierig, fremdrassig, feige, ehrgeizig**) auf Andri fixieren, und wie er im Laufe der Zeit an das ihm aufgelegte Image zu glauben beginnt.

Der Pater gibt zu (Vordergrund, S. 65), dass er gegen dieses Gebot **verstoßen** hat, aber er ist der einzige unter den Andorranern, der seine Schuld bekennt. Die anderen finden alle eine Ausrede, um ihre Unschuld zu **beteuern**.

Andri hat den Wunsch Tischler zu werden – ein in Andorra **angesehener** Beruf. Aber der Tischler will ihn als Jude nicht in seiner Werkstatt haben und unternimmt alles Mögliche, um das zu verhindern. Er verlangt ein hohes Lehrgeld und macht den falschen Stuhl kaputt, um zu beweisen, dass Andri den Tischlerberuf nicht „im Blut" hat. Er schlägt vor (3. Bild, S. 35), dass Andri Verkäufer werden soll, weil ein Beruf, der mit Geld zu tun hat besser zu ihm passt. Andri nimmt diese Ablehnung sehr zu Herzen. Er sagt Can: „Um sieben muß ich im Laden sein, Stühle verkaufen, Tische verkaufen … meine Hände reiben" (6. Bild, S. 55) und dass er reich werden muss „weil ich Jud bin" (S. 56). Die Ironie bei dieser **Entscheidung** des Tischlers ist, dass Jesus Christus von Beruf Tischler war. Andri darf den Beruf seines berühmten **Vorfahren** nicht ausüben.

die Entwicklung development

mit Beziehung auf in relation to

die Verfolgung persecution

das Gebot commandment

das Bildnis image

geldgierig avaricious

fremdrassig of alien race (a term coined by the Nazis for those who were not of pure German stock)

feige cowardly

ehrgeizig ambitious

verstoßen to contravene

beteuern to assert

angesehen respected

die Entscheidung decision

der Vorfahre ancestor

Various characters in the play make use of Old Testament references. When the carpenter wants to praise the value of Andorran oak, he makes a sneering comparison with the Jewish cedars of Lebanon: 'Lobpreiset eure Zedern vom Libanon, aber hierzuland wird in andorranischer Eiche gearbeitet, mein Junge' (Scene 3, p. 32) (cf. Psalm 92:12). And when Andri protests about his treatment by the carpenter it provokes the response 'Erstens ist hier keine Klagemauer' (p. 35) — a reference to the 'Wailing Wall', a Jewish prayer site in the remains of the destroyed Temple at Jerusalem.

The soldier, Peider, makes fun of Andri's attempt to attack him by making reference to the Old Testament story of David and Goliath: 'Ein alter Rabbi hat ihm das Märchen erzählt von David und Goliath, jetzt möcht er uns den David spielen' (Scene 8, p. 73) (cf. 1 Samuel 17). He mocks him by tripping him up and asking 'Wo hast du die Schleuder, David?' (p. 74).

The priest, while trying to persuade Andri to accept his Jewishness, makes references to the famous Jews Einstein and Spinoza (Scene 7, p. 64) and even Andri himself makes reference to the flood (cf. Genesis 7) when he compares the night to 'eine Sintflut von Milch' (Scene 6, p. 51) — an ironic choice of simile, which suggests he is beginning to accept his Jewish image. His description of himself (Scene 10, p. 93) as a 'Sündenbock' completes this transformation. He has, like the scapegoat of the Old Testament (Leviticus 16:20–22), taken upon himself the sins of the Andorran people.

But alongside these references to Judaism, Frisch also makes use of Christian imagery. The church is represented in the person of the priest (see p. 64 of this Guide). His reference to the 'Kindermord zu Bethlehem' (Scene 1, p. 10) (cf. Matthew 2:16–18) helps to paint the Schwarzen as an unpleasant race. The 'Vesperglocke' (p. 11) and organ music (Scene 7, p. 64) also create a religious atmosphere.

At the beginning of the play Barblin is whitewashing the house (a reference to Psalm 51:7: 'Wash me, and I shall be whiter than snow') in preparation for the coming St George's Day, and the image of the Madonna is carried past in procession (Scene 1, p. 18). We are able to observe the religious behaviour of the Andorrans, who are portrayed as pious and religious. They kneel and cross themselves as the Madonna is carried past, and the procession is accompanied by singing and the ringing of bells. The choice of St George's Day is significant in that St George fought against the dragon, the symbol of evil. In the play, evil is personified in the Schwarzen, who are a constant background threat in the early scenes and an actual threat after their invasion of Andorra in Scene 12. Unfortunately, as the play proceeds we realise that the Andorrans fail to live up to their religious image. Their prejudicial treatment of Andri is far from Christian and they fail to exhibit 'Nächstenliebe' (love of one's neighbour) in their treatment of him.

The incident of Peter's denial of Christ (Matthew 26:34–35; 69–75) is used (Scene 6, p. 55) to indicate Can's betrayal of Andri. In the play, as in the biblical account, the cock crows three times. It symbolises Can's failure to live up to his reputation for telling the truth — his attempt to inform Andri of his true origin fails miserably — and also contributes to the establishment of Andri as a Christ figure (see below), as from this point on, he, like Christ, is on the road to death.

In addition, the references to the throwing of the stone (see p. 47 of this Guide) and the interpretation of the *Pfahl* as a cross (Guide, p. 46) are further uses by Frisch of New Testament imagery. The final scene can be considered as Andri's crucifixion, where in the culmination of the Christ image, he is finally put to death. In the final scene, Andri does not speak, but merely endures his punishment, a possible allusion to Isaiah 53:7 ('led like a lamb to the slaughter … he did not open his mouth'), which is often applied to Christ at his crucifixion. However, in contrast to the Christ of the New Testament, when Barblin places his shoes centre-stage in anticipation of his return ('Wenn er wiederkommt, das hier sind seine Schuh', Scene 12, p. 127), we know that for Andri there will be no resurrection.

Build critical skills

1 Wollte Frisch ein religiöses Drama schreiben? Was meinen Sie? Schreiben Sie einen Absatz darüber.

Symbole in *Andorra*

Symbole in der Literatur sind Objekte oder Handlungen, die eine tiefere Bedeutung gewinnen. Es gibt mehrere solche Symbole in *Andorra*, die wir in diesem Abschnitt untersuchen werden.

Farbsymbolik

Die Farbsymbolik wird sofort am Anfag des Stücks **eingeleitet**. Barblin weißelt die Mauer des Hauses in Vorbereitung auf das kommende Fest. Die Farbe Weiß bedeutet **Reinheit**, und als der Pater vom „schneeweißen Andorra" spricht (1. Bild, S. 9), deutet er auf die **Unschuld** des Landes und seiner Bevölkerung. Aber das Weißeln symbolisiert auch gleichzeitig, dass Barblin die Lüge ihres Vaters, die für das Stück von großer Bedeutung ist, **überdeckt**. Weiß wird auch als Symbol des **Friedens** erwähnt, als Andri über die Ruhe spricht, die er in Andorra findet. Er vergleicht die Nacht mit einer „Sintflut von Milch" (6. Bild, S. 51).

Aber die **Oberflächlichkeit** der andorranischen Unschuld wird vom Soldaten **bloßgelegt**. Wenn ein „Platzregen" während der Nacht kommt (1. Bild, S. 9), wird die weiße Farbe weggespült werden, und wir werden die darunterliegende rote Farbe sehen. Das heißt, wir werden den **wahren** Charakter von Andorra erkennen. Der Soldat drückt das ziemlich **grob** aus, als er sagt „Das saut euch jedesmal die Tünche herab, als hätte man eine Sau darauf **geschlachtet**" (S. 9). Und mit diesem Bild wird eine zweite Farbe in die Bildsymbolik eingeführt, nämlich die Farbe von Blut. Diese Farbe kehrt zurück, als Andri geprügelt wird und eine tiefe Wunde bekommt (8. Bild, S. 75). Das Ereignis wird durch die Frage des Doktors („Blut?", S. 76) ironisch kommentiert. Am Ende des Stücks werden alle Andorraner durch den Tod Andris Blut auf den Händen haben.

Als Kontrast zur Farbe Weiß heißen die Leute aus dem Nachbarland „die Schwarzen". Schwarz steht hier für die dunkle Seite des Lebens und deutet auf das drohende **Unheil**, das Böse, aus dem Nachbarland. Barblin spricht von ihren „schwarzen Panzern" (1. Bild, S. 10) und nach dem Einmarsch der Schwarzen sehen wir ihre Soldaten in schwarzen Uniformen (Vordergrund, S. 97).

einleiten to introduce
die Reinheit purity
die Unschuld innocence
überdecken to cover over
der Frieden peace

die Oberflächlichkeit superficiality
bloßlegen to uncover

wahr true
grob crude
schlachten to slaughter

das Unheil disaster, doom

In the final scene of the play the colour images are revisited. The dominant image of the scene is black. The square is surrounded by soldiers in black uniforms. 'Schwarze Tücher' are handed out, which the Andorrans are forced to wear. These symbolise the fact that the Andorrans have succumbed to the Schwarzen and that to some extent they now identify with them. When wearing the black cloths they all look alike and have surrendered their individuality. The landlord at first refuses to wear a cloth, but puts one on in order to hide his guilt when Can accuses him of having murdered the Senora. The 'schneeweißes Andorra' has become totally black. Barblin is the only one to resist (and therefore keep her true character) when she throws the black cloth at the Judenschauer's feet (p. 116).

Barblin also takes up the colour theme at the end of the scene. As in the first scene, she is shown whitewashing, but this time she is (in her madness) whitewashing the paving stones of the square (p. 124). It is almost as if she is trying to give the whole of Andorra a much-needed coat of whitewash. She later even says that she is whitewashing the people ('Ich weiße euch alle', p. 125). She also refers to the red image when she exclaims 'Blut, Blut, Blut überall' (p. 125) — a reference to the Andorrans' responsibility for Andri's death. Barblin is in this scene the mad woman who speaks the truth and her revelations clearly disturb the Andorrans. Finally she employs the black symbolism when she reprimands Father Benedikt for his failure to intervene to save Andri: 'Schwarz bist du geworden, Pater Benedikt.' The man who wanted 'ein schneeweißes Andorra' is now painted as black as the rest.

Das Symbol des Pfahls

> **Key quotation**
>
> *Wir werden ein weißes Andorra haben, ihr Jungfraun, ein schneeweißes Andorra.*
> (Der Pater, 1. Bild, S. 9)
>
> *Schwarz bist du geworden, Pater Benedikt*
> (Barblin, 12. Bild, S. 127)

der Pfahl post, stake
die Gewalt power, violence
die Misshandlung ill-treatment

die Erfindung invention
die Vorstellungskraft imagination
der Vorschlag suggestion
die Metapher metaphor

bekennen to confess

Es wird regelmäßig im Stück von einem **Pfahl** gesprochen. Er ist das Symbol des Todes und weist im Drama auf die Schuld der Andorraner. Es ist auch ein Symbol von **Gewalt** und von der **Misshandlung** von Menschen. Er wird in diesem Zusammenhang zum ersten Mal von Barblin erwähnt. Sie fragt den Priester, ob die Geschichte stimmt, dass die Schwarzen Juden an einen Pfahl binden und sie erschießen („Man bindet ihn an einen Pfahl, sagen sie", 1. Bild, S. 12).

Der Pfahl in *Andorra* ist, dramatisch gesehen, ein ungewöhnliches Symbol, weil es in der Realität nicht existiert. Der Pfahl wird nur von dem Lehrer Can gesehen. Im Gespräch mit dem Tischler fragt er plötzlich: „Woher kommt dieser Pfahl?" (S. 13). Der Tischler kann den Pfahl nicht sehen und meint, das ist eine **Erfindung** aus Cans **Vorstellungskraft**. Später stellt Can dem Wirt die selbe Frage („Wer hat diesen Pfahl hier aufgestellt?" S. 16). Der Wirt scheint mitzuspielen und macht ein paar **Vorschläge** (Straßenamt, Umleitung, Kanalisation), aber in Wirklichkeit können die Andorraner den Pfahl nicht sehen – oder wollen ihn nicht sehen.

Aber das Wort wird als **Metapher** aufgenommen. Am Zeugenstand in der ersten Vordergrundszene fragt der Wirt, „Hab ich ihn vielleicht an den Pfahl gebracht?" (S. 24). Der Pater benutzt auch dasselbe Bild, um seine Schuld an Andris Tod zu **bekennen**: „Auch ich habe ihn an den Pfahl gebracht" (Vordergrund nach dem 7. Bild, S. 65).

The *Pfahl* contains echoes of the cross in Christian imagery (see the section on biblical imagery, p. 46 of this Guide). It can be regarded as the upright element of the cross. This accords with historical accounts — the upright post stood at the place of execution and criminals carried the crossbeam to the site. By regarding the *Pfahl* in this way, it is possible to regard Andri as a Christ-like figure. Like Christ in the Bible, he is beaten and kicked (Scene 8); he is taken prisoner and led away (Scene 11) and then 'crucified' (Scene 12). His silence in this final scene (see p. 44 of the Guide) is a parallel to the silence of Christ before Pontius Pilate (cf. Mark, 15:5).

Andri also adopts the image of the *Pfahl* and portrays himself as undergoing a martyr's death. He identifies himself with the many Jews in history who have also suffered for their faith: 'Ich weiß, wer meine Vorfahren sind. Tausende und Hunderttausende sind gestorben am Pfahl, ihr Schicksal ist mein Schicksal' (Scene 10, p. 95).

The invisible *Pfahl* is a highly potent symbol in the play.

Key quotation

Hab ich ihn vielleicht an den Pfahl gebracht?

(Der Wirt, Vordergrund nach dem 1. Bild)

Auch ich habe ihn an den Pfahl gebracht

(Der Pater, Vordergrund nach dem 7. Bild)

Das Symbol des Steins

In Kontrast zum Pfahl ist der Stein ein **greifbares** Objekt. Er wird im achten Bild zum ersten Mal erwähnt, als der Wirt sagt „Ich wäre der erste, der einen Stein wirft" (8. Bild, S. 69). Hiermit wird auf die Bibelstelle (Johannes 8:7) **angespielt**. Ironischerweise wird diese **Äußerung** des Wirts gleich **erfüllt**, als er die Senora mit einem Stein tötet. Der Stein wird also zu einer Waffe, die den Tod bringt.

greifbar tangible
anspielen to make reference to
die Äußerung remark
erfüllen to fulfil

The landlord claims Andri is responsible for the murder (Scene 9, p. 88), although Andri is with the priest at the time. The Someone says it was never proved who threw the stone (p. 89). Andri four times asserts his innocence: 'Ich habe den Stein nicht geworfen' (Scene 10, p. 90 ff) and Can assures Andri of his innocence ('Du hast den Stein nicht geworfen' (p. 94). But at the *Judenschau*, the landlord (perhaps enthusiastic to prove his innocence) continues to accuse Andri ('Jedenfalls hat er den Stein geworfen', p. 107) and demonstrates (p. 108) how the murder took place. He continues to hold the murder weapon until Can accuses him of having thrown it (p. 111), whereupon he drops the stone, puts on a black cloth and escapes to hide his guilty conscience in the crowd.

The stone, however, becomes metaphorically a stone round Andri's neck and leads to his death. He himself alludes to this when he says (Scene 9, p. 87) how his joy turned to dismay. The cap which he threw into the air turned, as it fell, into a stone which killed him.

Key quotation

Ich habe meinen Namen in die Lüfte geworfen wie eine Mütze … und herunter fällt ein Stein, der mich tötet.

(Andri, 9. Bild, S. 87)

Das Symbol der Schuhe

Das Symbol der Schuhe wird im dritten Bild ganz klein eingeleitet, als der Geselle Andri seine alten Fußballschuhe anbietet. Die Fußballschuhe bedeuten, dass Andri in der Fußballmannschaft mitspielen darf. Sie sind ein Zeichen seiner Integrierung in der andorranischen Gesellschaft. Sie deuten auch auf die **Geldgier** des Gesellen. Er will sie Andri verkaufen, nicht **schenken**.

Aber die symbolische Bedeutung der Schuhe wird im letzten Bild völlig deutlich. Die Andorraner müssen auf den Pfiff des Judenschauers hin ihre Schuhe ausziehen (S. 111). Das bedeutet, dass sie ihre **Macht** und ihre Freiheit verloren haben. Sie müssen die Befehle ihrer **Sieger** ausführen. Sie müssen die Schuhe „ordentlich" in eine Reihe stellen (S. 113). Wenn sie am Judenschauer vorbeigegangen sind, dürfen sie ihre Schuhe wieder nehmen („wer vorbei ist, nimmt sofort seine Schuh", S. 117). Das heißt, sie sind unschuldig und also wieder frei („Wer frei ist … nimmt seine Schuh und verschwindet", S. 118). Der Doktor kann seine Schuhe nicht finden und behauptet, jemand habe sie genommen. Durch seine **verwirrte** Suche macht er sich nochmals lächerlich (cf. 4. Bild).

die Geldgier avarice
verschenken to give as a present

die Macht power
der Sieger conqueror

verwirrt confused

Key quotation

Wenn er wiederkommt, das hier sind seine Schuh.

(Barblin, 12. Bild, Schlusszeile)

As Andri is led away at the end, the soldier remarks 'Der braucht jetzt keine Schuhe mehr' (p. 124). The shoes thus become a symbol of death — a personal item left behind when the person is no longer there. Barblin (p. 125) will not allow the landlord to take Andri's shoes away and in a final tragic gesture, she places them in the centre of the stage so that he will find them if he returns. The abandoned shoes are a symbol of her empty hope. She knows he will never return. But they are an enduring image which the audience will take away with them.

There is a German proverb: 'Jemandem etwas in die Schuhe schieben', to make someone responsible for something which they have not done. At the end of the play Andri has been made responsible for the murder of the Senora and has had the role of a Jew pinned upon him.

Visitors to the former concentration camp at Auschwitz will see a whole display case of shoes which the Nazis took from Jewish prisoners. It may well be that in this scene Frisch wanted the pile of shoes to remind his audience of this image and of the mass exterminations connected with it.

▲ Schuhe im Museum Auschwitz-Birkenau

Das Thema Geld

Wie die Schuhe, wird auch das Geld als **brauchbares** Objekt ganz normal eingeführt, aber es nimmt im Laufe der Handlung eine symbolische Bedeutung an. Es wird im ersten Bild mehrmals erwähnt. Der Tischler **beschwert sich** über die Trinkgelder, die er regelmäßig geben muss (1. Bild, S. 8). Andri wirft seine Trinkgelder ins Orchestrion (S. 8 und 12; auch 8. Bild, S. 72; 10. Bild, S. 96), eine Beschäftigung, die die Andorraner ärgert (cf. der Wirt (8. Bild, S. 76): „Immer … die Klimperkiste"). Der Tischler verlangt die Riesensumme von 50 Pfund für Andris Lehre (1. Bild, S.13), und der Wirt kauft ein Stück Land von Can zu einem billigen Preis, weil er weiß, dass Can das Geld braucht (S. 17). Im dritten Bild (S. 30) verkauft der Geselle Andri seine Fußballschuhe, um ein bisschen Geld zu verdienen. Im achten Bild behauptet der Wirt, er habe der Senora aus **Gastfreundlichkeit** ein Zimmer gegeben, aber in Wirklichkeit will er nur Geld verdienen (S. 69).

Der Wirt ist der erste, der das Geld in Verbindung mit den Juden bringt („wenn es ums Geld geht … dann sind [die Andorraner] wie der Jud", 1. Bild, S. 15). Als Peider Andri das Geld aus der Hand schlägt, um zu beweisen, dass er „der Stärkere" ist, bringt er das Geld und das Judentum in direkte Verbindung mit Andri: „So'n Jud denkt alleweil nur ans Geld" (S. 21). Der Tischler schlägt auch vor, dass Andri (als vermeintlicher Jude) Verkäufer werden sollte („jedermann soll tun, was er im Blut hat", 3. Bild, S. 35). Er meint, Andri kann in diesem Beruf „Geld verdienen … viel Geld verdienen".

brauchbar usable, utilitarian

sich beschweren über to complain about

die Gastfreundlichkeit hospitality

In the sixth scene, Andri counts his money (p. 52). He has earned one and a half pounds, but this is not the action of the avaricious Jew, but of the devoted lover. He is saving for his future with Barblin. He promises her he will not waste any more money in the juke box and informs her (p. 53) that he has saved a total of 41 pounds. However, this positive view of money quickly changes in the following conversation with Can, whom he tells (p. 56) 'Ich muß reich werden … weil ich Jud bin.' The constant references of the Andorrans are beginning to have their effect on him. In the ninth scene, Andri's self-observation has convinced him that he is a Jew: 'Ich habe geachtet darauf, ob's wahr ist, daß ich alleweil denke ans Geld … und sie haben abermals recht: Ich denke alleweil ans Geld' (p. 86). Money is another motif through which Andri's transformation into the image of the Jew can be traced.

In the final scene (p. 122 ff.) the Judenschauer turns out Andri's pockets. Coins fall out, and through the unusual use of a simile in a stage direction Frisch tells us that the Andorrans recoil as if the money were tainted: 'Die Andorraner weichen vor dem rollenden Geld, als ob es Lava wäre'. They call it 'Judengeld', in response to which Can points out it is *their* money too: 'Was, Judengeld? Euer Geld, unser Geld. Was habt ihr denn andres in euren Taschen?' (p. 123). In the course of the drama quite normal objects have become tainted through their association with a 'Jew'.

Key quotation

Ich habe geachtet auch darauf, ob's wahr ist, daß ich alleweil denke ans Geld … und sie haben abermals recht: Ich denke alleweil ans Geld.

(Andri, 9. Bild, S. 86)

Zum Thema Vorurteil und Bildnis

1 Füllen Sie die Lücken in diesen Sätzen aus.

1 Das Hauptthema vom Stück ist das Entstehen von ....
2 .... werden oft in der Gesellschaft diskriminiert.
3 Die Andorraner schreiben Andri als Jude viele negative .... zu.
4 Weil Juden sich oft im Beruf mit Geld beschäftigten, meinte man sie seien ....
5 Durch die Bemerkungen der Andorraner beginnt Andri an seiner .... zu zweifeln.
6 Im Laufe des Dramas .... Andri das Bild, das die Andorraner von ihm haben.
7 „Ein Bildnis machen" ist eine Anspielung auf die Zehn .... im Alten Testament.
8 Die Andorraner zeigen genau die .... , die sie Andri zuweisen.
9 In den dreißiger Jahren wurden die Juden von den Nazis ....
10 Leute, die in einem anderen Land Asyl suchen, nennt man ....

Zum Thema Schuld und Verantwortung

2 Füllen Sie die Lücken mit dem richtigen Wort aus.

1 In den Vordergrundszenen beteuern die Andorraner ihre ....
2 Die Andorraner behaupten ihre Unschuld an der ....
3 Can ist für Andris Tod verantwortlich, weil er nicht die .... erzählt hat.
4 Der Jemand meint, man soll die Ereignisse der Vergangenheit ....
5 Der Pater ist der einzige, der seine Schuld ....
6 Der Wirt hat wahrscheinlich den Mord an der Senora ....
7 Der Tischler hat Andri daran .... , seinen Berufswunsch zu erfüllen.
8 Andri .... zu seinem eigenen Tod .... , weil er die Wahrheit nicht glaubt.
9 Die Senora .... die Gelegenheit, Andri zu retten.
10 Die .... im letzten Bild dienen dem Zweck, dass die Andorraner anonym bleiben können.

Zum Thema Religion

3 a Wer ...

1 ... ist der Stellvertreter der Kirche im Stück?
2 ... vergleicht andorranische Eiche mit den Zedern von Libanon?
3 ... meint, Andri will als David gegen Goliath kämpfen?
4 ... spricht von Einstein und Spinoza als berühmte Juden?
5 ... beschreibt sich als Sündenbock?

3 b   Was …

  6 … wird am Tag nach dem ersten Bild gefeiert?

  7 … deutet darauf hin, dass Can Andri verraten hat?

  8 … macht der Priester, während er mit Andri spricht?

  9 … benutzt der Wirt, um die Senora zu ermorden?

  10 … symbolisiert das Kreuz aus der Passionsgeschichte?

Zum Thema Symbole

4   Beantworten Sie die Fragen.

  1 Welche Farbe steht für Unschuld?

  2 Welche Farbe symbolisiert das Böse?

  3 Was macht Barblin im ersten und auch im letzten Bild?

  4 Welche Farbe ist unter der weißen Tünche an den Mauern von Andorra?

  5 Was kündigt im ersten Bild das kommende Unheil an?

  6 Welches Objekt wird zu einer Metapher für das Kreuz?

  7 Was bedeuten die Fußballschuhe im dritten Bild?

  8 Welche Farbe dominiert im letzten Bild?

  9 Was sagt Barblin, um zu zeigen, dass der Pater schuldig geworden ist?

  10 Was zeigt, dass Andri nicht zurückkommen wird?

Zum Thema Geld

5   Vollenden Sie die Sätze mit der richtigen Form des Verbs.

  1 Andri ……… sein Geld ins Orchestrion ……….. . (einwerfen)

  2 Peider ……….. Andri das Geld aus der Hand. (schlagen)

  3 Can ……….. in der Kneipe eine Menge Geld ……….. . (ausgeben)

  4 Der Tischler ……….. ……….., dass er Andri ein Pfund für drei Bestellungen geben wird. (vorschlagen)

  5 Andri sagt Barblin, dass er 41 Pfund ……….. hat. (sparen)

  6 Der Wirt hat das Land von Can zu einem billigen Preis ……….. . (kaufen)

  7 Andri meint schließlich, er ……….. immer an Geld. (denken)

  8 Bei der Judenschau ……….. Andris Geld aus seinen Taschen. (fallen)

Die Themen auf einen Blick

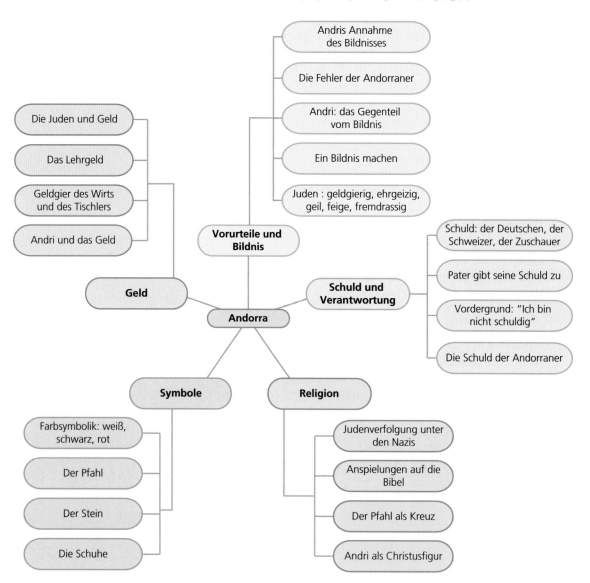

Andris Annahme des Bildnisses

Die Fehler der Andorraner

Andri: das Gegenteil vom Bildnis

Ein Bildnis machen

Juden : geldgierig, ehrgeizig, geil, feige, fremdrassig

Die Juden und Geld

Das Lehrgeld

Geldgier des Wirts und des Tischlers

Andri und das Geld

Vorurteile und Bildnis

Geld

Andorra

Schuld und Verantwortung

Schuld: der Deutschen, der Schweizer, der Zuschauer

Pater gibt seine Schuld zu

Vordergrund: "Ich bin nicht schuldig"

Die Schuld der Andorraner

Symbole

Religion

Farbsymbolik: weiß, schwarz, rot

Der Pfahl

Der Stein

Die Schuhe

Judenverfolgung unter den Nazis

Anspielungen auf die Bibel

Der Pfahl als Kreuz

Andri als Christusfigur

Vokabeln

die Anspielung (auf + Akk.) reference (to)

die Bedeutung meaning

beitragen zu to contribute to

das Bildnis image

das Böse evil

der Ehrgeiz ambition

die Eigenschaft characteristic

die Farbe colour

die Feigheit cowardice

das Gebot commandment

das Gegenteil opposite

die Geldgier avarice

der Hass hatred

die Identität identity

die Kreuzigung crucifixion

die Lüge lie

lügen to lie

die Metapher metaphor

die Minderheit minority

die Rassendiskriminierung racial discrimination

die Schuld guilt

der Stellvertreter representative

der Sündenbock scapegoat

das Symbol symbol

das Thema theme

überlegen to consider

die Unschuld innocence

die Verantwortung responsibility

die Verfolgung persecution

der Vergleich comparison

verraten to betray

das Vorurteil prejudice

die Wahrheit truth

die Wirkung effect

zugeben to admit

Andri

die Mittelpunktfigur
central character

auftreten to appear
(in a play)

die Entwicklung
development

darstellen to present

erziehen to bring up,
educate

unehelich illegitimate

geil lecherous

das Gemüt (sensitive)
feeling

umbringen to kill

Key quotation

*Ich weiß nicht, wieso ich
anders bin als alle.*
(Andri, 2. Bild, S. 27)

zusammenfassen
to summarise

Build critical skills

1 Am Anfang des
Stücks will Frisch
Andri als einen
ganz normalen
Jungen zeigen.
Wie macht er das?

Der 20-jährige Andri ist die **Mittelpunktfigur** des Dramas. Er **tritt** in fast allen Bildern **auf**. Nur im fünften Bild tritt er nicht auf – aber auch dort ist er das Thema des Gesprächs. Das Stück folgt seiner **Entwicklung** bis zu seinem tragischen Ende. Und Andri bildet auch das Thema der Vordergrundszenen.

Am Anfang des Stücks wird er als ein ganz normaler junger Mann mit normalen Interessen **dargestellt**. Er hört gern Musik (er wirft sein Geld ins Orchestrion ein); er spielt gern Fußball; er hat eine Freundin (Barblin), die er heiraten will, und er will einen guten Beruf erlernen.

Aber seine Vorgeschichte spielt eine große Rolle für seine Entwicklung. Angeblich hat der Lehrer Can ihn als Judenkind aus dem Nachbarland der Schwarzen gerettet und ihn in seiner Familie **erzogen**. Erst später wird erklärt, dass er eigentlich Cans **unehelicher** Sohn ist, die Folge seines Verhältnisses mit der Senora.

Die Andorraner betrachten Andri also als Juden. Sie behaupten, er sei **geil**, habe kein **Gemüt**, habe keinen Humor und interessiere sich nur für Geld. Im Laufe des Stücks wächst Andri in seine „Juden"-Rolle und verhält sich wie ein stereotyper Jude. Er wird schließlich vom Judenschauer als Jude ausgesucht und **umgebracht**.

Sein Name kann auf zwei Weisen interpretiert werden und deutet auf seine Rolle im Stück hin. Einerseits hat „Andri" mit „Andorra" zu tun, und zeigt, dass er ein normaler Mensch ist, der in die andorranische Gesellschaft integriert werden will. Andererseits aber kommt „Andri" von „anders", und er wird von den Andorranern als eine Person behandelt, die anders ist als sie. Und Andri glaubt so langsam, dass er anders ist als die anderen. Seine Identitätskrise – ein Hauptthema des Stücks – wird also in seinem Namen **zusammengefasst**.

Andri's attempts to become a normal member of Andorran society founder on the prejudices of the Andorrans themselves, who see in him the typical behaviour of a Jew. In respect of money, for example, Peider tells him 'So'n Jud denkt alleweil nur ans Geld' (Scene 1, p. 21), and the Tischler tells him (Scene 3, p. 35) that he is more suited to selling things and earning money.

Andri gradually begins to observe his own behaviour and to conform to the prejudiced image which the citizens of Andorra have of him. In the course of the play he undergoes a transformation, from the normal young man depicted at the beginning of the play to the despised victim of the final scene. He finally identifies himself with the Jewish race and accepts that he will share their fate ('Ich weiß, wer meine Vorfahren sind. Tausende und Hunderttausende sind gestorben am Pfahl, ihr Schicksal ist mein Schicksal', Scene 10, p. 95).

The various stages of Andri's disintegration are clearly shown in the play. In the first scene he is humiliated by the soldier, Peider, who makes perfectly clear that he has sexual intentions on Barblin. In the workshop (Scene 3) the Tischler refuses to believe that Andri can make a good chair and pulls the apprentice's chair apart, claiming it to be Andri's. In Scene 4 Andri is forced to listen to the doctor's scathing criticism of the Jews, and when Can refuses Andri's request to marry Barblin, he feels betrayed by his adoptive family. When he sees Peider emerge from Barblin's bedroom (Scene 6) he feels betrayed by the one to whom he felt closest. His isolation is at this point complete and he begins to accept more and more the image of the Jew which has been imposed upon him.

In Scene 8, Andri is physically beaten by Peider, while the priest (Scene 9) fails to convince him of his true origins. He is accused of throwing the stone which killed the Senora (although he was with the priest at the time) and he begins to accept that the situation will end with his death (p. 87). His inner torment is symbolised by the voices which he hears whispering (Scene 10). At the end of Scene 11 he is arrested as an ostensible Jew and his death in the final scene marks the completion of his degradation.

But Andri demonstrates that he has the qualities which the Andorrans say he lacks. In his discussion with the priest, and in his confrontation with the Judenschauer, he shows that he has courage. His relationship with Barblin and the Senora show that he has emotional sensibility (*Gemüt*), and initially he shows no concern for money, as he puts all his tips into the juke box.

In Andri Frisch has created a fully rounded character. We see him happy (at the prospect of becoming a carpenter, and of playing in the football team), but also sad when his excellent chair is rejected by the Tischler. He is full of hope that he will get a good job which will enable him to earn sufficient money to marry Barblin, but he is dejected when Can turns down his proposal to marry her, and also when she appears to have betrayed him and has made love to Peider. As he berates her for this (Scene 11), the change in his character becomes apparent. At their first meeting (Scene 2) he treats her with gentleness and respect, kissing her hair and asking if she really wants to marry him, but after the encounter with Peider, he is much more aggressive towards her (Scene 11), asking repeatedly how often she has slept with Peider and reducing her to tears. He demands roughly that she kiss him and tears open her blouse. In a letter to the English translator for the New York performance of the play, Frisch stated that it was essential that Andri should not be shown as a *Musterknabe* (an ideal young man): 'Er soll uns manchmal schockieren, wie jeder andere Mensch.'

The roundedness of Andri's character is also shown in his use of language. He speaks respectfully to the Tischler and the Jemand as he hands them their walking sticks (p. 8) and hat (p. 12), but when he is angered by the chair incident he attacks the Tischler in a long outburst (Scene 3, p. 34), accuses him of being

Key quotation

Hochwürden haben gesagt, man muß das annehmen, und ich hab's angenommen. Jetzt ist es an euch, Hochwürden, Euren Jud anzunehmen.

(Andri zum Pater, 7. Bild, S. 86)

GRADE BOOSTER

In the exam you gain credit for using a varied vocabulary. Think of adjectives to describe each character and have an example to support each of these. For example, Andri could be described as 'liebend', 'großzügig', 'mutig'.

mean ('hundsgemein') and says he looks like a toad ('eine Kröte', p. 35). He is capable of almost lyrical expression, as when he describes the night outside Barblin's room ('Die Nacht ist wie Milch… wie blaue Milch. Wie eine Sintflut von Milch', Scene 6, p. 51), but when his anger is roused, he is rough and direct towards Barblin: 'Ich küß dich, Soldatenbraut! Einer mehr oder weniger, zier dich nicht' (Scene 11, p. 101); and he dismisses his father (Scene 6, p. 56) with an abrupt and crude 'Geh pissen.'

The more he adopts his Jewish role, the more Andri's speech takes on an Old Testament tone, as in the speech 'Ich möchte nicht Vater noch Mutter haben, damit ihr Tod nicht über mich komme mit Schmerz und Verzweiflung…' (Scene 9, p. 87). He completely adopts the *Bildnis* (image) which the Andorrans have imposed upon him.

Barblin

Barblin ist die 19-jährige Tochter des Lehrers Can und seiner Frau. Sie weiß **ebensowenig** wie Andri, dass die beiden Halbgeschwister sind. Sie nimmt gern an den andorranischen Festen teil. Als wir sie zum ersten Mal sehen, **weißelt** sie die Mauer des Hauses in Vorbereitung auf das kommende Fest. Aber sie teilt die **Vorurteile** der anderen Andorraner nicht. Sie liebt Andri und will seine Frau werden. Sie bricht in Tränen aus, als Can sagt, dass eine Heirat zwischen ihr und Andri nicht möglich sei. Bei der Judenschau will sie die Andorraner zu passivem **Widerstand bewegen**. Durch ihre **Erfahrungen** im Stück (ihre Entdeckung, dass Andri ihr Halbbruder ist; ihre sexuelle **Misshandlung** durch Peider; ihre **Verhaftung** durch die „schwarzen Soldaten", die ihr den Kopf **scheren** und sie als „Judenhure" bezeichnen; und den Tod ihres Vaters) wird sie **wahnsinning**. In diesem Sinn kann man sie mit Shakespeares Ophelia und Goethes Gretchen **vergleichen**.

Barblin speaks both the opening and closing lines of the play. When we first see her she is whitewashing the wall of the house on the eve of St George's Day, and in the closing scene of the play she whitewashes the street (perhaps a reference by Frisch to the Jews being forced by the Nazis to kneel and clean the pavements, but certainly a symbolic representation of the fact that she is trying to whitewash over the sins of the Andorrans). Her closing line, 'Wenn er wiederkommt, das hier sind seine Schuh', provides a tragic and moving conclusion to the play, as well as rounding off its formal structure.

She is portrayed at the outset as an attractive young girl (Peider admires her legs while she whitewashes, and she loosens her hair while she is with Andri). She is shown as being well brought-up (she rejects Peider's lecherous admiration, p. 7), pious (the priest praises her for her preparations for the festival; she crosses herself, Scene 1, p. 18, and joins the religious procession as it passes by) and sensitive (she anxiously asks the priest if it is true that the Schwarzen

Key quotation

Ich weißle, ich weißle, auf daß wir ein weißes Andorra haben, ihr Mörder, ein schneeweißes Andorra.
(Barblin, 12. Bild, S. 125)

ebensowenig (wie) just as little (as)
weißeln to whitewash
das Vorurteil prejudice
der Widerstand resistance
bewegen to move, persuade
die Erfahrung experience
die Misshandlung ill-treatment
die Verhaftung arrest
scheren to shear, shave
wahnsinnig mad
vergleichen to compare

Build critical skills

2 Lesen Sie nochmals das zweite und das elfte Bild. Vergleichen Sie das Verhalten Barblins in diesen zwei Bildern.

are going to invade). She is clearly in love with Andri and announces proudly that she is 'verlobt' and that he is always in her thoughts ('Ich denke an dich, Andri, den ganzen Tag', Scene 2, p. 27).

Two scenes in the play (Scene 2 and Scene 11) show her with Andri in an intimate setting outside Barblin's bedroom. In the first of these she exhibits a strong desire for physical contact — she lies on his knees, undoes her hair, offers to take off her blouse, kisses him and demands 'viele viele Küsse' in return. However, it can be said that in this behaviour, she is only concerned with her own pleasures and shows little concern for the worries which Andri expresses about the Andorrans' view of him.

Andri discovers Peider leaving Barblin's room in Scene 6. The penultimate scene of the play (Scene 11) forms a counterbalance to the second scene. The love between them is now that of brother and sister, but Andri still feels that Barblin has betrayed him. Whereas in the second scene it was Barblin who was seeking physical contact, it is now demanded by Andri ('Ich will dich, ja, fröhlich und nackt, ja, Schwesterlein') and he aggressively tries to tear off her blouse. In contrast to the second scene, she is noticeably silent in this scene, a sign of her humiliation and shame.

However, Barblin's principal trait, her courage, is demonstrated clearly in this scene. As the invading troops draw closer she implores Andri to hide in her room and when the soldiers arrive, she denies that there is a Jew in the house (Scene 11, p. 102) and pleads for him as her brother ('Rührt meinen Bruder nicht an, er ist mein Bruder'). This courage is exhibited throughout their relationship. Although she knows what happens to women who have a relationship with a Jew ('und wenn er eine Braut hat, die wird geschoren', Scene 1, p. 12), she still wants to marry Andri. In the final scene, she tries to encourage the Andorrans to passive resistance and bravely throws her cloth at the Judenschauer's feet.

As the play closes, she plays a visionary role; she is the mad-woman who speaks the truth. Despite the humiliation of having had her head shaved, she displays that civil courage which her father and the other Andorrans have failed to show, and she points to the consequences of pinning a particular image on someone.

Can

Der Lehrer Can ist Andris **leiblicher** Vater, aber er **schämte sich** wegen seines Verhältnisses mit der Senora, Andris Mutter, weil sie aus dem verfeindeten Nachbarland der Schwarzen kam. Deswegen hat er die **Lüge** erfunden, Andri sei ein Judenkind, das er gerettet habe. Er hat ihn dann in seiner eigenen Familie als seinen Sohn **erzogen**. Cans Lüge bildet den Hintergrund zur Handlung des Dramas, und weil er sich nicht dazu bringen kann, die Wahrheit zu erzählen, führt sie zum tragischen Ende des Stücks – dem Tod Andris, der **Verzweiflung** und dem **Wahnsinn** seiner Tochter, und seinem eigenen **Selbstmord**. Aber wir erfahren vom Doktor, dass Can als junger Lehrer großen Wert auf die Wahrheit gelegt hat. Er hat alle **Unwahrheiten** in den Lehrbüchern

GRADE *BOOSTER*

It is often useful to compare characters at different points in the play. Has there been any development in their character during the play, or are they the same as at the beginning? Barblin's attitude towards Andri, for example, changes after she learns that he is her half-brother.

leiblich physical, natural

sich schämen to be ashamed

die Lüge lie

erziehen to bring up

die Verzweiflung desperation

der Wahnsinn madness

der Selbstmord suicide

die Unwahrheit untruth, falsehood

durchstreichen
to cross out

die Unfähigkeit
inability

die Selbstverachtung
self-contempt

> von seinen Schülern **durchstreichen** lassen. Seine **Unfähigkeit**, die Wahrheit zu sagen, führt zur **Selbstverachtung** und zum Alkoholismus. Er verbringt viel Zeit in der Pinte und ist oft betrunken.

Can clearly has Andri's best interests at heart. He is prepared to pay an extortionate sum of money so that Andri can start an apprenticeship as a carpenter. He has brought him up as a member of his own family and asks Andri (Scene 4, p. 43) if he has not treated him exactly the same as his daughter, has he not treated him 'wie meinen Sohn'?

Can has a number of opportunities to tell the truth about Andri. When Andri asks if he can marry Barblin, he resorts to a simple 'weil es nicht geht' (p. 46), which leads Andri to the conclusion that he cannot marry Barblin because he is a Jew. He tells Andri (Scene 6, p. 53) that he has come to tell him the truth, but in his drunken state, he makes a completely inept attempt and fails to achieve his aim. He tells the Senora (Vordergrund after Scene 8) that he will tell the truth about Andri, but his failure to do so is already visible in his hesitant 'Und wenn sie die Wahrheit nicht wollen?' (p. 78). In the following scene he again fails to grasp the nettle and passes on the responsibility to the priest, who also fails to carry out the task.

In the final scene he does admit that Andri is his son, but the situation is now too far advanced for the Andorrans to want to hear the truth. Despite Can's protests, the Judenschauer continues with his task and Andri is led away. Only at this point does Can have the courage to admit to his lie and is able to confront the Andorrans with the result of their prejudices: 'Geht heim vor euren Spiegel und ekelt euch.' But equally it is Can's inability to face up to the consequences of his own actions that lead him to end his own life. The play is as much his tragedy as it is Andri's.

Key quotation

Einmal werd ich die Wahrheit sagen – das meint man, aber die Lüge ist ein Egel, sie hat die Wahrheit ausgesaugt.

(Der Lehrer, 5. Bild, S. 49)

TASK
1 Was erfahren wir über den Charakter Cans in der Zeit vor dem Anfang des Stücks?

Die Senora

die Geliebte lover

die Bezeichnung designation

der Außenseiter outsider

der Krämer grocer, shopkeeper

die Lösung solution

erklären to explain

Die Senora ist die ehemalige **Geliebte** des Lehrers und Andris leibliche Mutter. Sie kommt aus dem Nachbarland der Schwarzen. Ihre **Bezeichnung** in der Personenliste als „Senora" soll zeigen, dass sie eine Ausländerin ist und deswegen für die Andorraner ein **Außenseiter**. Sie tritt im achten Bild auf, weil sie von einem andorranischen **Krämer** die Geschichte von einem geretteten Judenkind gehört hat. Sie ist nach Andorra gekommen, um ihrem Sohn die Wahrheit zu sagen. In dem Stück könnte sie eine mögliche **Lösung** bieten. Sie könnte sagen, dass sie Andris Mutter ist, und die ganze Situation **erklären**. Aber sie wird von den Andorranern feindlich empfangen. Als sie versucht, das

Land zu verlassen, wird sie durch einen Steinwurf getötet. Der Wirt hat wahrscheinlich den Stein geworfen, aber er behauptet, Andri sei der **Mörder**. Der Tod der Senora gibt den Schwarzen einen Grund in Andorra einzumarschieren, und macht den Tod Andris **unvermeidlich**.

der Mörder murderer
unvermeidlich inevitable

The Senora is Andri's physical mother. She accuses Can of cowardice in not telling the truth about Andri's origins, but she was equally cowardly and failed to tell her compatriots about her affair. She also appears to agree to not tell Andri the truth about his origins. Her long speech (Scene 9, p. 80) seems to hint at honourable motives and a desire to change the world, but it is completely lost on Andri and she leaves without revealing the truth.

The Senora is obviously an elegant and attractive lady. She tells the landlord that her room is 'ordentlich' (Scene 8, p. 72) and Andri clearly finds her attractive ('Sie ist eine fantastische Frau', Scene 9, p. 83). Her arrival in Andorra shows that she has some degree of courage, and in fact she pays for this courage with her life. She is not unacquainted with the ways of the world: she deals summarily with the unwanted attentions of Peider ('Gibt es in Andorra keine Frauen?', p. 72) and is able to see that the people of Andorra are no different to people elsewhere: 'Aber sie sind hier nicht anders, du siehst es, nicht viel' (Vordergrund, p. 78). She demonstrates a caring and (ironically) a motherly nature when she intervenes while Andri is being beaten up (p. 74), tends his wound and takes him home. Although her final conversation with Andri comes close to telling him the truth, she does not actually do so, and her departing, motherly kiss surprises him (p. 81).

The role of the Senora in the play is marked by the taking off and putting on of her gloves. When she arrives, she sits at the table and removes her gloves, which can be considered symbolically as a desire to tell the truth. But she is diverted from her intentions and states clearly that, as people do not wish her to tell the truth, 'ziehe ich jetzt meine Handschuhe an und gehe' (p. 79). The putting on of her gloves symbolically marks the closure of her attempt to reveal the truth. The Senora has brought the truth to Andorra, but once again, truth is a casualty in the play.

Key quotation

Die Wahrheit wird sie richten, und du, Andri, bist der einzige hier, der die Wahrheit nicht zu fürchten braucht.

(Die Senora zu Andri, 9. Bild, S. 79)

Die Mutter

Die Mutter (sie hat im Stück keinen Namen) ist Andris **Pflegemutter** und die Frau des Lehrers. Auch sie weiß nicht von Andris Herkunft, weil ihr Mann es ihr nicht gesagt hat. Sie **kümmert sich um** Andri, als ob er ihr eigener Sohn wäre. Sie bereitet ihm das Essen (4. Bild, S. 44), holt den Arzt, als er krank wird (S. 38) und ist um seine Gesundheit **besorgt** („Ist es schlimm, Doktor?" S. 38). Nachdem der Arzt **herabwertende** Bemerkungen über die Juden gemacht hat, erklärt sie ruhig, dass Andri Jude sei (S. 41).

In ihrer **Unwissenheit unterstützt** sie ihn, als er Barblin heiraten will. Sie nimmt eine durchaus realistische **Haltung** („Sie lieben einander";

die Pflegemutter foster mother

sich kümmern um to care for sb

besorgt concerned, worried

herabwerten to denigrate

die Unwissenheit lack of knowledge

unterstützen to support

„Ich hab das kommen sehen", S. 45; „Das ist der Lauf der Welt", S. 46). Sie (und nicht ihr Mann) organisiert, dass Pater Benedikt mit Andri über sein Judentum sprechen soll. Während der Judenschau **verteidigt** sie Andri. Sie sagt, dass er der Sohn ihres Mannes sei und dass er zu Hause war, als der Stein geworfen wurde (S. 122).

die Haltung attitude

verteidigen to defend

Key quotation

Fluch nicht auf die Andorraner, du selbst bist einer.

(Die Mutter zum Lehrer, 9. Bild, S. 82)

The mother exhibits a calm, balanced personality and tries to maintain calm in the family. When Can wants to know why the doctor is there, she tells him 'Reg dich nicht auf' (Scene 4, p. 41) and reproaches him for his drunken, aggressive life-style: 'Du verkrachst dich mit aller Welt' (p. 42) and tells him not to shout ('Schrei nicht', p. 46). She tells Barblin 'Red keinen Unfug' (p. 46) when she speaks of suicide, and she reacts with remarkable equanimity when she learns about her husband's affair with the Senora: 'Du hast sie geliebt, aber mich hast du geheiratet, weil ich eine Andorranerin bin' (Scene 9, p. 82). But she does not refrain from criticising him: 'Du hast uns alle verraten, aber den Andri vor allem.' She then consoles Pater Benedikt when he has to tell Andri his true background (p. 82).

She is portrayed as a simple but commonsensical woman who sees the reality of the situation. She does not share the prejudices of the other Andorrans and she of all the Andorrans bears the least guilt for Andri's death.

Die Andorraner
Der Tischler

der Besitzer owner

das Vorurteil prejudice

angeblich supposed, alleged

der Lehrling apprentice

die Lehre apprenticeship

Tischlermeister Prader ist der **Besitzer** einer Tischlerei in Andorra. Wegen seiner **Vorurteile** ist er unwillig, dem **angeblichen** Juden Andri eine Stelle als **Lehrling** anzubieten, und verlangt für die **Lehre** eine sehr hohe Summe von Can. Er glaubt nicht, dass Juden Tischler werden können, und meint, dass es besser wäre, wenn Andri als Verkäufer arbeitete, eine Stelle, die ihm als Juden besser passen würde. Er macht den schlechten Stuhl des Gesellen kaputt und behauptet die ganze Zeit, der Stuhl gehöre Andri.

Key quotation

Jedermann soll tun, was er im Blut hat. Du kannst Geld verdienen, Andri, Geld, viel Geld …

(Der Tischler zu Andri, 3. Bild, S. 35)

The carpenter is portrayed as a large and pompous man (he weighs 100 kg, Scene 3, p. 32) and is proud of the reputation of his firm ('Ein Stuhl von Prader bricht nicht zusammen … ein Stuhl von Prader ist ein Stuhl von Prader, p. 31). His main concern is with his own financial interests. He refuses to lower his price for Andri's apprenticeship (Scene 1, pp. 13–15) and he replaces his first offer to Andri ('für jede Bestellung … ein halbes Pfund', Scene 3, p. 35) with a reduced one ('ein ganzes Pfund für drei Bestellungen'), but appears to make the second offer in a great spirit of generosity.

He does not conceal his racism towards Andri. Besides the references to Jews having money-making in their blood, he also makes a number of explicit (and derogatory) references to the Jewish religion. He values 'andorranische Eiche' above the Jewish cedars of Lebanon (cf. Psalm 104:16) and when Andri protests about his treatment, he reminds him 'Hier ist keine Klagemauer' (a reference to the so-called 'wailing wall' where Jews pray at the Temple in Jerusalem).

At the witness stand (after Scene 2) he admits that he asked a high price for Andri's apprenticeship because he did not want him in his workshop, but remains by his assertion that being a salesman was the more appropriate job for Andri. His refusal to allow Andri to follow his chosen profession is his share in the responsibility for Andri's death.

TASK
2 Geben sie drei Beispiele dafür, dass der Tischler geldgierig ist.

Der Wirt

> Die **Pinte** des Wirts steht auf dem zentralen Platz von Andorra und ist der Ort, an der viele wichtige Ereignisse und Gespräche stattfinden. Der Wirt, wie der Tischler, interessiert sich hauptsächlich für Geld. Er behauptet, er habe der Senora ein Zimmer angeboten, weil es „ein altes und heiliges **Gastrecht**" in Andorra gibt, aber eigentlich will er nur dadurch Geld verdienen. Er nützt auch die schwierige Lage Cans aus, um ein Stück Land zu einem billigen Preis von ihm zu kaufen (1. Bild, S. 17). Er **rechtfertigt** seine **Geldgier** durch die Bemerkung „Die Andorraner sind gemütliche Leut, aber wenn es ums Geld geht … dann sind sie wie der Jud" (S. 15), eine Bemerkung, die ironischerweise auch seinen Rassismus zeigt. Er ist auch der **Mörder** der Senora, aber er behauptet, Andri habe den Stein geworfen.

die Pinte pub

das Gastrecht hospitality

rechtfertigen to justify

die Geldgier avarice

der Mörder murderer

The landlord shows little humanity. When Andri is beaten up by the soldiers, he is more concerned about the effect it will have on his reputation ('Und das vor meinem Hotel!', Scene 8, p. 74). He is reluctant to go and fetch the doctor and tries to blame Andri for the incident, by saying that he annoys people by constantly putting money in the juke box and by always turning up when the soldiers are around (p. 75).

Although it is never stated that he is the murderer of the Senora, his constant references to the incident seem to point to his guilt. He claims (p. 69) that he would be the first one to throw a stone and then constantly returns to this image. He claims (Scene 12, p. 107) that Andri was the one who threw the stone and that he personally saw him do it. He even demonstrates (p. 108) how he took the stone in his hand. During the *Judenschau* he still has the stone in his hand and only drops it when Can accuses him of being the murderer (p. 111). At this point he quickly puts on the black cloth (which he had formerly refused to wear) and disappears into the anonymity of the crowd. His behaviour and his frequent references to the stone are clearly the sign of a guilty conscience.

The landlord's scene at the witness stand is the first indication in the play that the story about Andri being a Jew is not true and that he is really Can's son. He claims that everyone believed the story at the time and that he actually admired Can for his action. But at the same time he does not admit his guilt for the murder of the Senora, the act which ultimately led to Andri's death.

Key quotation

Wer sonst soll diesen Stein geworfen haben?

(Der Tischler zu den Andorranern, 12. Bild, S. 108)

TASK
3 Was deutet darauf hin, dass der Wirt die Senora ermordet hat?

Der Geselle

Der Geselle Fedri arbeitet mit Andri in der Tischlerei, aber obgleich er schon seit fünf Jahren in der Tischlerei arbeitet, ist seine Arbeit nicht so gut wie Andris. Es ist sein Stuhl, den der Tischler **auseinanderreißt**. Er scheint freundlich zu sein (cf. die Fußballmannschaft und die Fußballschuhe), aber er ist kein guter Freund. Er gibt nicht zu, dass er in der Werkstatt geraucht hat, und dass der schlechte Stuhl seiner ist. Er zeigt seine **Feigheit**, als er dem Tischler mit vorgelernten **Sprüchen** antwortet (3. Bild, S. 33).

auseinanderreißen to pull apart

die Feigheit cowardice
der Spruch proverbial statement

Key quotation

Ich sag ja nicht, es sei ihm recht geschehen, aber es lag auch an ihm.
(Der Geselle, Vordergrundszene nach dem 3. Bild)

He joins in with the soldiers when they beat Andri up, and in the final scene he refuses to engage in passive resistance (p. 109).

At the witness stand he appears to have prospered. His motorcycling gear indicates that he owns a motorbike. He admits it was his chair which the carpenter destroyed, but he transfers the blame to Andri, whom he accuses of being stand-offish. His cowardice and unwillingness to admit to his own failings mark him out as a typical citizen of Andorra.

Der Soldat

unwiderstehlich irresistible

lüstern lecherous

vergewaltigen to rape

herausschmeißen to throw out

die Gelegenheit wahrnehmen to take the opportunity

jemandem das Bein stellen to trip someone up

der Feigling coward

Peider ist ein typischer Soldat. Er ist arrogant und meint, die Frauen finden ihn **unwiderstehlich**. In der ersten Szene sieht er **lüstern** zu, während Barblin weißelt. Sie fasst seine Haltung zusammen, indem sie sagt: „Ihr Soldaten … lungert in allen Gassen herum … und schielt uns in die Bluse, wenn eine sich bückt." (S. 7). Er findet Barblin attraktiv, aber sie erwidert seine Gefühle nicht. Sie versichert dem Priester, dass Peider „kein Glück" bei ihr haben wird. Als wir ihn mit offener Hose aus Barblins Zimmer kommen sehen, können wir nur annnehmen, dass er sie **vergewaltigt** hat. Er wird auch betrunken aus der Kneipe **herausgeschmissen** (1. Bild, S. 19).
Als der Stärkere ist Peider Andri gegenüber aggressiv und **nimmt jede Gelegenheit wahr**, ihm das zu zeigen. Er **stellt** ihm regelmäßig **das Bein** und singt grobe Lieder (S. 20). Als er mit Andri kämpft (8. Bild), schlägt er auf ihn ein, während die anderen Soldaten ihn festhalten. Aber im Grunde genommen ist er ein **Feigling**. Als die Schwarzen in Andorra einmarschieren, wechselt er die Seite und fängt an, bei ihnen in der Armee zu dienen. Er organisiert für sie die Judenschau.

Peider acts as a trained soldier. He does not think for himself, but carries out orders on the basis of pre-learnt instructions ('Order ist Order', Vordergrund after Scene 6, p. 58; 'bis zum letzten Mann', Scene 1, p. 21; 'lieber tot als Untertan', p. 22). His language is frequently coarse, e.g. 'Hosenscheißer' (p. 19), 'scheißen' (p. 22) and 'Saustall' (Scene 12, p. 116). His contempt for Andri is shown by the fact that he never addresses him by his name, but mostly in the third person, or as 'den Jud'.

In contrast to the other Andorrans, even at the witness stand Peider still believes that Andri was a Jew. He twice states that he could not stand him and falls back on his professional attitude as a soldier: 'Ich habe nur meinen Dienst getan.' He is the person in the play who shows the least regret for Andri's death and does not assert his innocence as the other Andorrans do. And yet he bears the major responsibility for Andri's death in handing him over to the Schwarzen.

▲ Peider glaubt, dass er unwiderstehlich sei

> **TASK**
> 4 Geben Sie fünf Beispiele für Peiders Aggressivität Andri gegenüber.

Der Doktor

Doktor Ferrer, der Amtsarzt in Andorra, hat zwanzig Jahre im Ausland verbracht. Er benimmt sich, als ob er in der Welt viel **Erfahrung** habe, aber eigentlich ist er in seiner Karriere **erfolglos**. Er ist nach Andorra zurückgekehrt, um diese niedrige Stelle anzunehmen. Seine medizinischen **Kenntnisse** sind **gering**: Er hat nicht die richtigen Utensilien bei sich und benutzt einen Löffel aus dem Haushalt, um Andris Kehle zu untersuchen. Er erklärt Andri nicht, was ein Virus ist (obgleich er später sagt (4. Bild, S. 41), er habe es erklärt), und er **untersucht** verschiedene Körperteile, als ob er wüsste, was los ist. Er raucht Zigarillos während der Untersuchung und betrachtet es als ein Symptom, als Andri hustet. Er stellt aber keine Diagnose und gibt Andri Tabletten, die er ganz **zufällig** in seiner Tasche hat. Sein Gebrauch des **ausgedehnten** Worts „Aaaaandorra" zeigt seinen überhöhten Patriotismus.

Der Doktor ist der **rassistischste** von den ganzen Andorranern. Er sagt, dass alle Juden in den Boden versinken sollen, wenn sie den Namen Andorra hören, und zeigt keine **Reue**, als die Mutter ihm sagt, Andri sei Jude. Er meint, die Juden sind für seinen **Misserfolg** verantwortlich („Sie hocken auf allen Lehrstühlen der Welt", 4. Bild, S. 40), und er spricht seinen Hass deutlich aus (S. 40).

die Erfahrung experience

erfolglos unsuccessful

die Kenntnis knowledge

gering modest, small

untersuchen to examine

zufällig by chance

ausdehnen to lengthen

rassistisch racist

die Reue regret

der Misserfolg failure, lack of success

The doctor is arrogant and intellectually superior to his fellow countrymen (cf. his use of the Latin phrase 'mens sana in corpore sano', and condescending comment 'wenn du weißt, was das heißt' (Scene 4, p. 37), as well as his use of 'ein Inbegriff' (Scene 8, p. 68).

He praises Andorra as 'ein Hort des Friedens und der Freiheit und der Menschenrechte' (p. 68), but completely fails to see the failings of both himself and the other Andorrans. His remark (Scene 12, p. 106) that nothing will change after the *Judenschau* ('bleibt alles wie bisher' etc.) indicates that the racial prejudices of the Andorrans will remain too.

Like most Andorrans, he is a coward. At the *Judenschau* (p. 109) he immediately puts out his cigarillo when ordered to. He admires the methods of the Judenschauer 'Der hat den Blick … Der sieht's am Gang' (p. 121) and the methods of die Schwarzen ('Das nenne ich Organisation … Wie das klappt', p. 107). His search for his shoes after the *Judenschau* (p. 118), adds a final farcical note to his character.

In the Vordergrund scene following Bild 11, he says 'Ich möchte mich kurz fassen', but gives the longest speech of all the Andorrans. He hides his guilt under a cloak of words. He expresses his regret, but does not admit his guilt and says there was 'etwas Jüdisches' about Andri's behaviour (p. 104).

Key quotation

Wenn einer in der Welt herumgekommen ist wie ich, dann weiß er, was das heißt: Heimat! … Hier bin ich verwurzelt.

(Der Doktor zu der Mutter und Andri, 4. Bild, S. 39)

Der Priester

der Stellvertreter representative

gesegnet blessed

raten to advise

versichern to assure

fromm pious
der Gottesdienst church service

heikel tricky

die Messe Mass

Pater Benedikt ist der **Stellvertreter** der Kirche in Andorra. Sein Name (= **gesegnet**) deutet darauf hin, dass er Ruhe und Frieden in die Gesellschaft bringen soll, und als wir ihn zum ersten Mal sehen, scheint das der Fall zu sein. Er lobt Barblin für ihre Vorbereitungen auf das kommende Fest. Er will „ein schneeweißes Andorra" haben (1. Bild, S. 9). Er hat auch Sorgen um Can, der zu viel trinkt (S. 10) und **rät** Barblin, nichts mit dem Soldaten Peider zu tun zu haben („Der hat schmutzige Augen", S. 11). Er **versichert** ihr, sie brauche keine Angst zu haben, dass die Schwarzen Andorra angreifen werden, und sagt, das Land sei „friedlich" und „**fromm**".

Aber die **Gottesdienste** der Kirche sind ihm offensichtlich lieber als das Lösen von menschlichen Problemen. Bei seinem ersten Gespräch mit Andri hat er Schwierigkeiten, zum Thema zu kommen, und weiß nicht, wie er das **heikle** Thema aufgreifen soll. Seine Bemerkung „Du machst es einem wirklich nicht leicht" (7. Bild, S. 62) zeigt, wie schwierig er die Lage findet. Er wird mit Andri ungeduldig, und am Ende des unangenehmen Gesprächs rettet er sich, indem er sich zur **Messe** ankleidet. Er zeigt auch, dass er die Vorurteile der Andorraner teilt, als er die Juden kritisiert: „Eine Unart habt ihr schon alle: Was immer euch widerfährt in diesem Leben, alles und jedes bezieht ihr nur darauf, dass ihr Jud seid" (S. 63).

Und in dem zweiten Gespräch, in dem Pater Benedikt Andri erklären soll, dass er kein Jude ist, schafft er es nur, dass Andri noch fester an seine falsche Identität glaubt.

Pater Benedikt shares the narrow world-view of the Andorrans and tries to persuade Andri to take a positive view of his Jewishness. His responsibility for Andri's death has already been observed (cf. p. 41 of this Guide) and Barblin's reprimand 'Schwarz bist du geworden, Pater Benedikt' (Scene 12, p. 127) is fully justified.

It would be possible to say that in Pater Benedikt Frisch was presenting an image of the Roman Catholic church, which under Pope Pius XII during the Third Reich was accused of being at the least reluctant to oppose Hitler and his actions.

In the Vordergrund scene Pater Benedikt does not appear at the witness stand, but is shown kneeling in prayer. His statement, years later, forms a kind of confession. Unlike the other Andorrans, he admits his guilt in Andri's death: 'Auch ich bin schuldig geworden damals' (p. 65). His use of 'auch ich' indicates that he includes himself in the common guilt and also that he thinks the other Andorrans guilty. He begins by admitting that he has transgressed the second commandment ('Du sollst dir kein Bildnis machen', cf. Exodus 20:4). Although he tried to treat Andri 'mit Liebe', the sin he has committed is that of making an image of Andri. He states clearly that he is responsible for Andri's death ('Auch ich habe ihn an den Pfahl gebracht') and this confession goes some way to redressing his negative image in the earlier part of the play.

Build critical skills

3 Lesen Sie das siebte Bild nochmals. Pater Benedikt zeigt allmählich, dass er ein Bildnis von Andri als Jude hat. Wie entwickelt sich das Bild im Laufe der Szene?

Key quotation

Auch ich habe ihn an den Pfahl gebracht.

(Der Pater in der Vordergrundsszene nach dem 7. Bild)

Der Judenschauer

Der Judenschauer ist eine stumme Rolle. Er erscheint nur im letzten Bild. Er **erregt** Angst unter den Andorranern. Weil er nicht spricht, sondern nur durch das Winken kommuniziert, kommt seine ganze **Wirkung** aus dem Visuellen.

Er kann angeblich Juden am bloßen **Aussehen** aussuchen: „Der irrt sich nicht … Der hat den Blick … (12. Bild, S. 109). Sein Schweigen wirkt **bedrohlich**. Bei seinem ersten Auftritt geht er nur schweigend über den Platz, was eine ängstliche Stimmung erzeugt.

Aber der **unfehlbare** Judenschauer macht zwei Fehler. Er sucht den Jemand aus, weil er ihn für einen Juden hält, und auch Andri, der kein Jude ist. Durch diese Fehler zeigt Frisch die Unmöglichkeit, die Religion einer Person am Aussehen zu erkennen.

erregen to arouse
die Wirkung effect

das Aussehen appearance
bedrohlich threatening
unfehlbar infallible

The appearance of the Judenschauer and the masked figures of the Andorrans takes the action into a different genre, that of the medieval allegory. The proceedings of the *Judenschau* are reminiscent of the methods used to hunt out witches in the Middle Ages. But it is also a gruesome reminder of the selection process ('die Selektion') which took place in the Nazi concentration camps. Jews were sorted into two groups: the young and fit who could work, and the old, the sick and children who were incapable of doing so. This latter group was then murdered in the gas chambers. Frisch closely replicates the language used by the Nazis in his definition of the *Judenschau*. 'Die Judenschau ist eine Maßnahme zum Schutze der Bevölkerung in befreiten Gebieten, beziehungsweise zur Wiederherstellung von Ruhe und Ordnung' (Scene 12, p. 114).

TASK

5 Der Judenschauer spricht nicht. Er teilt seine Befehle durch Bewegungen mit und wirkt deswegen bedrohlich. Schreiben Sie eine Liste von seinen Bewegungen.

Die Charaktere auf einen Blick

Der Tischler Prader
Will Andri nicht als Lehrling haben

Der Geselle Fedri
Andris untreuer Freund

Der Wirt
Tötet die Senora; beschuldigt Andri des Mordes

Der Soldat Peider
Der Gegenspieler Andris um die Liebe Barblins

Der Doktor Ferrer
Amtsarzt in Andorra; ein verfehlter Akademiker, der die Juden hasst

Der Priester
Kann sich nicht dazu bringen, Andri die Wahrheit zu sagen

Der Jemand
Stellvertreter der Bevölkerung Andorras

Der Idiot
Eine stumme Rolle; darf die Wahrheit sagen

Die Andorraner

Barblin
Cans Tochter und Andris Halbschwester; aber weiß es nicht und will ihn heiraten

Der Lehrer Can
Der leibliche Vater Andris und der Vater von Barblin

Die Mutter
Die Pflegemutter Andris; sorgt für ihn; weiß nicht,dass er Cans Sohn ist

Die Familie

Andri
Die Hauptperson

Die Schwarzen

Die Senora
Die leibliche Mutter Andris und Cans frühere Geliebte

Der Judenschauer
Soll mit einem Blick Juden aussuchen können; ermordet Andri

Die Personen

1 Welche Person im Stück ...

   1 ... hat Andri als Kind nach Hause gebracht?

   2 ... will Andri eine Stelle als Verkäufer anbieten?

   3 ... hat keinen Erfolg im Beruf gehabt?

   4 ... meint, die Frauen finden ihn unwiderstehlich?

   5 ... hat die Senora umgebracht?

   6 ... gibt zu, dass er an Andris Tod schuldig war?

   7 ... hasst die Juden am meisten?

Grammatik

2 Schreiben Sie die richtige Form des Verbs.

   1 Am Anfang des Stücks wird Andri als normaler Junge .... (darstellen)

   2 Can und seine Frau haben Andri als ihren eigenen Sohn .... (erziehen)

   3 Der Tischler hat Andri .... Verkäufer zu werden. (zwingen)

   4 Andri .... regelmäßig Geld ins Orchestrion .... (einwerfen)

   5 Die Senora wird durch einen Steinwurf .... (umbringen)

   6 Der Wirt hat wahrscheinlich den Stein .... (werfen)

Interpretation

3 Erfinden Sie ein passendes Satzende für jeden Satzanfang.

   1 Can hat die Wahrheit über Andri nicht erzählt, weil ...

   2 Barblin meint, sie darf Andri heiraten, weil sie nicht weiß, ...

   3 Andri will in der Fußballmannschaft spielen, um ...

   4 Die Senora hätte Andri retten können, wenn ...

   5 Can bringt sich um, weil ...

   6 Die Vordergrundszenen zeigen, dass die Andorraner nicht bereit sind ...

Requisiten und die Charaktere

4 Mit welcher Person verbinden Sie diese Requisiten im Stück? Was erfahren wir dadurch über den Charakter der Person?

   1 Fußballschuhe

   2 der Stein

   3 das Tuch

   4 das Orchestrion

   5 das Stuhlbein

   6 der Zigarillo

   7 der Ring

Vokabeln

ängstlich frightened
auftreten to appear (in a play)
das Aussehen appearance
der Außenseiter outsider
bedrohlich threatening
das Benehmen behaviour
das Bildnis image
die Entwicklung development
erfolglos unsuccessful
die Fähigkeit abiliity
feig cowardly
die Feigheit cowardice
fromm pious
geizig mean, miserly
die Gesellschaft society
sich kümmern um to care for
lächerlich comic, ridiculous
die Lüge lie
lügen to lie
die Messe Mass (church)
die Mittelpunktfigur main character
der Mörder murderer
mutig brave
rechtfertigen to justify
die Regieanweisung stage direction
die Rolle role, part
sich schämen to be ashamed
schuldig guilty
der Stellvertreter representative
stumm silent
unehelich illegitimate
unwiderstehlich irresistible
vermummt masked
das Vorurteil prejudice
wahnsinnig mad, insane
die Wahrheit truth
Widerstand leisten to offer resistance
der Zuschauer spectator (pl: audience)

Andorra consists of a series of twelve scenes (*Bilder*). The scenes are linked by the main character, Andri, who appears in all but Scene 5, and the main action in these scenes progresses chronologically. Each scene reveals a different aspect of Andorran society. However, the main scenes are interrupted by nine *Vordergrundszenen*, seven of which are monologues and take place some years after the main action. In these scenes individual Andorrans look back at Andri's death and try to justify themselves. Two Vordergrund scenes, however, are part of the main action.

Die offene Form des Dramas

Structurally, the play can be considered as an example of the '**open form**' of the drama. In this form, a play consists of a number of single scenes, linked together by the figure of the **protagonist** (here, Andri) and also by the repetition of a series of images or themes (here, colours, lies, truth).

open form **die offene Form**

protagonist **die Hauptfigur**

The open form of the drama has its origins in the medieval mystery plays, in which events from the Bible were presented as a series of plays, with each workers' guild being responsible for one play. These often toured the town and performed the play at several different places. Examples in English are the York and Chester cycles, which contain 48 and 24 scenes respectively. The morality play is reflected in the cast list of *Andorra*, where only Andri and Barblin have names (although we discover the names of some of the others during the course of the play), while the other characters are indicated as types: der Tischler, der Wirt etc. Another medieval note is also struck by the suggestion of one critic that the Andorrans are representative of the seven deadly sins: covetousness (Wirt), greed (Tischler), lust (Soldat), envy (Doktor), anger (Lehrer), sloth (Pater), while all the Andorrans are guilty of pride in their seemingly perfect country.

Die geschlossene Form des Dramas

However, *Andorra* also exhibits characteristics of the classical ('**closed**') **form** of drama, a five-act play in which various stages can be discerned: **exposition**, **development**, **climax**, peripety and **denouement**. The exposition introduces the main actors and setting and the main theme(s) of the play. These are then developed in the second act, where complications arise or the protagonist encounters obstacles. The climax (Act Three) is the turning point of the play. There follows a **retarding movement** in the play (Act Four), before the denouement or final outcome is reached in Act Five. *Andorra* can be said to follow this structure. Bild 1 acts as an exposition, introducing the characters and the theme of anti-semitism. Bilder 2–5 then develop the theme, showing Andri's problems in Andorran society. Bild 6 constitutes the climax, with Andri's world finally collapsing when he discovers Barblin has been unfaithful to him.

closed form **die geschlossene Form**

exposition **die Exposition**

development **die Entwicklung**

climax **der Höhepunkt**

denouement **die Lösung**

a retarding movement **ein retardierendes Element**

The action then takes a downward movement, as he comes to believe in his Jewish image. The arrival of the Senora constitutes the peripety: she could reveal the truth and save Andri, but she does not do so. The play proceeds to its final denouement in Bild 12, culminating in Andri's death.

A further structural element to note is the division of the play into public and private scenes. The public scenes all take place on the *Platz* in Andorra, but these are interspersed with private scenes involving Andri and his close relations: outside Barblin's bedroom, a room in the teacher's house and in the sacristy of the church. In his rehearsal notes for the play, Frisch stressed that these scenes were not to be separated from the *Platz* by any kind of curtain, but should be played downstage and set apart by a different lighting. In this way the two divisions of the play are brought together, and the *Platz* of Andorra forms an ever-present background to all the events of the play.

framework
der Rahmen

symmetry
die Symmetrie

Structural balance is also given to the play by counterbalancing certain scenes. It can be divided into two parts. Scenes 1–6 show Andri being confronted with the prejudices of the Andorrans. He wants to be part of Andorran society, but is constantly thwarted in his intentions: he cannot become a carpenter, he is refused permission to marry Barblin, and finally Barblin appears to have deceived him. The end of Scene 6 marks a turning point in the play, and in the second part (Scenes 7–12) Andri begins to accept his role as a Jew until he finally meets his fate at the hands of die Schwarzen. Bild 1 and Bild 12 form a **framework** to the play: with some exceptions all the members of Andorran society are present in both scenes. The imagery of Scene 1 (white-washing) is repeated in Scene 12, and in both scenes Andri stands alone against the Andorrans. There is also **symmetry** between Bild 2 and Bild 11, both of which take place 'vor der Kammer der Barblin', and also between Bild 3 and Bild 10, in which Andri firstly fights against the prejudices of the Andorrans and then accepts them. The complex structure of this carefully thought-out play contributes much to its success.

Die Vordergrundszenen

There are nine scenes in the play which are shown as taking place in the 'Vordergrund'. Seven of these (after Scenes 1, 2, 3, 6, 7, 9 and 11) are **monologues** in which various Andorrans disclaim responsibility for Andri's death. They are distanced in time from the main action, as is shown by phrases such as 'damals' (p. 24), 'nach Jahr und Tag' (p. 24) and 'es war' (pp. 36, 105). As a result, the main action of the play, although it takes place in the present, before the eyes of the audience, is thrust back into the past. The **time difference** is also symbolised by a change of clothes: the landlord appears 'ohne die Wirteschürze' (p. 24); the apprentice (p. 36) is wearing a motorcycle jacket; the soldier (p. 58) is wearing civilian clothes.

monologue
der Monolog

time difference **die Zeitverschiebung**

The scenes take place at a 'Zeugenschranke'. Although they are not on trial, the witnesses behave as if they were accused. They try to defend their actions of the past and protest their innocence. The phrase 'Ich bin nicht schuld' functions as a kind of refrain throughout these scenes. Many of the scenes start with the phrase 'Ich gebe zu' (pp. 24, 29, 36) and the landlord (p. 24), the soldier (p. 58) and the Somebody (p. 89) protest their ignorance of the matter at the time. The carpenter and the apprentice admit to minor misdemeanours: the former that he charged too high a price for Andri's apprenticeship and the latter that it *was* his chair which the carpenter destroyed. Some say that they meant well: the landlord gave him work in the kitchen, and the apprentice claims that Andri no longer wanted to play in the football team. The soldier simply claims that he was following orders ('Ich habe nur meinen Dienst getan. Order ist Order', p. 58). The Somebody (p. 89) claims that the events of the past should be forgotten, while the doctor (p. 104), although he says he will be brief, gives a long, rambling speech full of qualifications, which achieves little and only expresses his regret. However, behind all these speeches, which suggest they would have treated Andri differently if they had known he was not a Jew, lurks the prevailing opinion that their behaviour would have been justified if he had been a Jew. Little has happened to change their racially prejudiced views in the intervening years.

The claim of innocence ('Ich bin nicht schuld') ends most of the Vordergrund scenes. Only the priest admits to his guilt, and his scene does not take place at the witness stand, but presumably in a church, where he is seen kneeling (still wearing his cassock) and confessing his sins — presumably seeking absolution from God for breaking the second commandment. The fourfold inclusion of the word *auch* in his confession ('Auch ich bin schuldig geworden damals', etc., p. 65) suggests that he is including himself in a communal guilt. Ironically, he does not know that all the other Andorrans have protested their innocence.

The Vordergrund scenes sometimes relate directly to the previous scene (e.g. the apprentice appears after the scene in the workshop), but often they either anticipate events which have yet to happen in the play, or provide the audience with information that has not been revealed in the main action. Thus in the Vordergrund after the first scene we learn that Andri is *not* a Jew; after the third scene, that he will be arrested; after the sixth scene that he will be killed; after the ninth scene that the soldiers will seize him; and after the eleventh scene that he will be ill-treated at the *Judenschau*. These indicators transfer the audience's interest from how the play ends, to how that end comes about (see the section on Brecht below).

The remaining two Vordergrund scenes are not witness statements. The scene after Scene 8 is a part of the main action (the Senora demands of Can that he tell the truth) and serves as a direct link between Scenes 8 and 9. Although not at the witness stand, it can be said that, like the other Andorrans, Can and the Senora try to justify their actions of the past. The scene after Scene 10 is a **silent scene**, where two Black soldiers are seen on patrol. The silence emphasises their power and creates an ominous **mood** for the search for Andri and the *Judenschau* which follow. Through these varied scenes Frisch creates a second strand to the play and maintains the audience's interest throughout.

silent scene
die stumme Szene
mood   die Stimmung

staging
die Aufführung

witness stand **die
Zeugenschranke**

rehearsal **die Probe**

set designer **der
Bühnenbildner**

spotlight **der Spot**

The *Vordergrund* scenes interrupt the action and remind the audience that they are in a theatre, perhaps even making them think that their behaviour is also on trial.

Frisch gave much thought to the **staging** of the Vordergrund scenes. In the original premiere in Zürich the **witness stand** was not situated facing the audience, but parallel to the stalls. As a result, the audience is not judging the characters, but is being asked to judge itself. As Frisch remarked in an interview for the newspaper *Die Zeit*:

> Die Schuldigen sitzen im Parkett. Sie, die sagen, dass sie es nicht
> gewollt haben. Sie, die schuldig wurden, sich aber nicht schuldig
> fühlen. Sie sollen erschrecken, sie sollen, wenn sie das Stück gesehen
> haben, nachts wachliegen. Die Mitschuldigen sind überall.

In his **rehearsal** notes Frisch records that the **set designer** suggested that the scene which had just finished was kept in a dimmed light, while the witness stand was in a **spotlight**, thus bringing about that the witness of today was confronted with their historical setting.

Der Einfluss von Brecht

One further influence on *Andorra* needs to be noted, namely the influence of Brecht. Bertolt Brecht (1898–1956) was a leading German dramatist of the twentieth century and had a major influence on European drama as a whole. Having fled Germany for America during the Nazi era, Brecht lived in Switzerland on his return to Europe. His plays *Mutter Courage und ihre Kinder* (1941), *Der gute Mensch von Sezuan* (1943) and *Leben des Galilei* (1943) were performed at the Zurich Schauspielhaus, where *Andorra* also received its premiere. Frisch and Brecht met regularly to discuss dramatic theory and some influence of Brecht's theory can be observed in *Andorra*.

Brecht conceived a theory which he called 'epic theatre', in which the audience's attention was not to be on the outcome of the action, but on how that outcome was achieved. Theatrical illusion was constantly broken, in order that the audience could observe the behaviour of the characters on stage and, as a result of their observations, change their own behaviour. The audience was not to become 'involved' in the action, but to consider it at a distance. The *Verfremdungseffekt*, as it is known, was achieved by various means: the content of the scene was stated in advance by means of an announcement, a poem, display cards or projections; songs (accompanied by an on-stage band) commented on the action; and actors did not leave the stage, but merely retired to the side when they were not involved in the action. Scenery was kept to a minimum and the play was usually presented in full lighting. Brecht, a Marxist, thought that human behaviour was alterable and hoped to persuade spectators to change their behaviour as a result of watching the play.

Aufbau des Dramas

Erster Teil: Andris Suche nach Identität

Bild 1 Platz von Andorra — Exposition; alle Personen; Hauptkonflikte dargestellt
Vordergrund: Wirt — *Andri kein Jude; an den Pfahl gebracht*

Bild 2 Vor Barblins Kammer — Liebe von Andri und Barblin
Vordergrund: Tischler — *Andri kein Jude*

Bild 3 Tischlerei — Andri wird Verkäufer nicht Tischler
Vordergrund: Geselle — *Wahrheit: sein Stuhl; Andri „geholt"*

Bild 4 Haus des Lehrers — Vorurteile des Doktors;
Andri darf Barblin nicht heiraten

Bild 5 Platz von Andorra — Monolog von Can

Bild 6 Vor Barblins Kammer — Can schafft es nicht, Andri die Wahrheit zu sagen
Vordergrund: Soldat — *Hat nur Befehle ausgeführt; glaubt Andri ist Jude*

WENDEPUNKT DES DRAMAS

Zweiter Teil: Andri nimmt seine Judenrolle an

Bild 7 Sakristei — Andri fängt an zu glauben, er sei Jude
Vordergrund: Pater — *Gibt seine Schuld zu*

Bild 8 Platz von Andorra — Die Schwarzen drohen; Ankunft der Senora
Vordergrund: Lehrer und Senora — *Besprechung ihrer Lügen (Teil der Haupthandlung)*

Bild 9 Stube im Haus — Gespräche: Andri und Senora; Andri und Pater; Tod der Senora
Vordergrund: Jemand — *Nicht richten, sondern vergessen*

Bild 10 Platz von Andorra — Einmarsch der Schwarzen
Vordergrund: zwei Soldaten — *Stumme Szene; drohende Atmosphäre*

Bild 11 Vor Barblins Kammer — Barblin will Andri vor den Soldaten verstecken
Vordergrund: Doktor — *Bedauert die Ereignisse von damals*

Bild 12 Platz von Andorra — Judenschau; Andris Hinrichtung; Barblin lässt seine Schuhe auf der Bühne

Vokabeln

sich ändern to change
der Aufbau structure
die Auflösung dénouement
die Beleuchtung lighting
das Bild (literally: picture, image), here: scene
die Bühne stage set
das Bühnenbild scenery
die Christusfigur Christ figure
dramatisch dramatic
der Einfluss influence
die Entwicklung development
das epische Theater epic theatre
die Exposition exposition
die Hauptfigur main character
die Haupthandlung main plot
der Hintergrund background
der Höhepunkt climax
der Monolog monologue
die Nebenhandlung sub-plot
das Parkett stalls
die Probe rehearsal
sich rechtfertigen to justify oneself
die Rede speech
die Regieanweisung stage direction
der Schluss conclusion
die Spannung tension
die Symmetrie symmetry
die (sieben) Todsünden (seven) deadly sins
die Toneffekte sound effects
die Tragödie tragedy
unterbrechen to interrupt
die Uraufführung premiere
verbinden to link, join
der Verfremdungseffekt alienation (*better*: distancing) effect
der Wendepunkt turning point

Den Aufsatz planen

Planning is an important part of your examination time. As a rough guide you should spend about 10 minutes planning your essay, 50 minutes writing it and 5 minutes checking it.

A well-planned essay makes points clearly and logically so that the examiner can follow your argument. It is important to take time to devise a plan before you start writing. This avoids a rambling account or retelling the story of the work you are writing about. The following points may help you to plan your essay well:

- Read the essay question carefully. Make sure you have understood what you are being asked to do rather than focusing on the general topic.
- From the outset it is sensible to plan your essay in the target language. This will prevent you writing ideas that you are not able to express in the target language.
- Focus on the key words. For example, you may be asked to analyse, evaluate, explore, explain. Look for important key words such as *inwiefern, aus welchen Gründen* and *wie*.
- Select the main point you want to make in your essay and then break this down into sub-sections. Choose relevant information only. Avoid writing an all-inclusive account that occasionally touches on the essay title.
- Decide on the order of the main ideas which become separate paragraphs. Note down linking words or phrases you can use between paragraphs to make your essay flow as a coherent and logical argument.
- Select one or two relevant and concise quotations which you can use to illustrate some of the points you make.
- Think about the word count for the essay. The examination boards stipulate the following word counts:

	AS level	A-level
AQA	Approximately 250 words	Approximately 300 words
Edexcel	275–300 words	300–350 words
WJEC	Approximately 300 words	Approximately 400 words
Eduqas	Approximately 250 words	Approximately 300 words

- Consider how many words to allocate to each section of your essay. Make sure that you give more words to main points rather than wasting valuable words on minor details.
- Finally consider how to introduce and conclude your essay, ensuring that you have answered the question set.

A well-planned essay will have an overall broad structure as follows:

- **Introduction** You should identify the topic without rewriting the essay title. You should state your position on the issue.
- **Body of the essay** In several paragraphs you should give evidence to support a number of main points.
- **Conclusion** Here you should summarise your ideas and make a final evaluative judgement without introducing new ideas.

Den Aufsatz schreiben

Methode

Now you have to put flesh on the bones of the plan that you have drafted by writing a structured response to the essay question.

- It is important to be rigorous in sticking to your plan and not to get side-tracked into developing an argument or making a point that is not relevant to the specific essay question. Relevance is always a key criterion in the examination mark schemes for essays, so make sure that you keep your focus throughout on the exact terms of the question. Don't be tempted to write all that you know about the work; a 'scattergun' approach is unproductive and gives the impression that you do not understand the title and are hoping that some of your answer 'sticks'.
- It is important to think on your feet when writing an examination essay. If you produce a pre-learnt essay in an examination, in the hope that that will fit the title, you will earn little credit, since such essays tend not to match what is required by the title, and give the impression that you do not understand the question.
- If you are completing an AS examination, the question might require you, for example, to examine a character or explain the theme of the work. You will also have a list of bullet points to help you focus on the question. Ensure that you engage with these guidance points, but be aware that they do not in themselves give you a structure for the essay. At A-level you will normally have a statement requiring you to analyse or evaluate an aspect of the work.
- Since examination essays always have a suggested word limit, it is important to answer as concisely as you can. It should always be possible to write a meaningful essay within the allocated number of words.

Struktur

1 Die Einleitung

The introduction should be a single paragraph which responds concisely to the essay question. In a few sentences you should explain to your reader what you understand the question to mean, identify issues it raises and say how you are going to tackle them. Avoid statements in the target language that equate to 'I am now going to demonstrate …' or 'This essay is about …'.

2 Der Hauptteil des Aufsatzes

- This part will be divided into a number of interconnected paragraphs, each of which picks up and develops the points raised in your introduction.
- Each paragraph should be introduced with a sentence stating what the paragraph is about.
- Make sure you follow a clear pathway through your paragraphs, leading to your conclusion. This requires skills of organisation, in order to ensure the smooth development of your argument. You should move from one facet of your argument to the next, linking them conceptually by, for example, contrast or comparison.
- Each paragraph will have an internal logic, whereby you examine a separate point, making your argument and supporting it with examples and quotations. For example, your essay title might lead you to examine the pros and cons of a statement, with the argument finely balanced. In this case you can dedicate one paragraph to discussing the pros in detail, another to the cons and a third to giving your decision on which view is the more persuasive and why.

3 Der Schluss

This should summarise your argument succinctly, referring back to the points you raised in your introduction. If you have planned your essay well, there should be no need to do anything other than show that you have achieved what you set out to do. Do not introduce new ideas or information.

Sprache

- Linkage of the paragraphs is both conceptual, i.e. through the development of connected ideas in the body of the essay, and linguistic, i.e. through expressions which link paragraphs, sentences and clauses. These expressions are called connectives and they work in various ways, for example through:
  - contrast (*jedoch, auf der anderen Seite, umgekehrt*)
  - explanation (*das heißt, mit anderen Worten, es ist bemerkenswert*)
  - cause/result (*als Ergebnis, deshalb, wegen, aus diesem Grund*)
  - additional information (*auch, außerdem, ebenfalls*)
  - ordering points (*zuerst, dann, nachher*)
- When writing your essay, a degree of formality is necessary in your style. Be attentive to the register you use, especially the differences between written and spoken language. Avoid colloquial language and abbreviations.
- In a foreign language examination, accurate language is always an assessment factor. Review your finished essay carefully for errors of grammar, punctuation and spelling. Check especially verb endings, tenses and moods, and adjective agreements. You should employ a good range of vocabulary and include terminology related to theatre or literature (e.g. *die Handlung, die Personen, die Szene, das Thema*).

For a list of useful connectives and theatre- and literature-related vocabulary, see pages 79–80 of this Guide.

1 Für jeden Hauptpunkt, den Sie in einem Aufsatz machen, sollten Sie Beispiele aus dem Stück geben. Schreiben Sie zu den folgenden Hauptpunkten zwei oder drei Beispiele aus dem Stück.

1 Andorra soll ein frommes Land sein.

2 Der Geselle ist nicht so freundlich wie er aussieht.

3 Der Doktor ist in seinem Beruf nicht besonders kompetent.

4 Der Wirt ist geldgierig.

5 Peider betrachtet Frauen nur als Sexobjekt.

6 Der Pater wird sympathischer als die anderen Andorraner dargestellt.

2 Was erfahren wir über diese Personen im ersten Bild von *Andorra*? Schreiben Sie jeweils zwei oder drei Sätze.

◤ Barblin   ◤ Der Pater

◤ Der Soldat   ◤ Der Tischler

◤ Andri   ◤ Der Wirt

3 Welche Bedeutung hat der Platz in Andorra? Schreiben Sie einen Absatz von 50 bis 70 Wörtern darüber. Denken Sie dabei an folgende Punkte:

◤ Welche Aktivitäten finden dort statt?

◤ Welche symbolische Bedeutung hat der Platz?

◤ Welche Rolle spielt der Platz im Aufbau des Dramas?

◤ Wie kann man den Platz in Verbindung mit der Nazizeit bringen? Denken Sie dabei besonders an das 12. Bild.

◤ Wenn Sie der Regisseur von einer Aufführung von *Andorra* wären, wie würden Sie die anderen Bilder in Bezug auf den Platz aufführen?

4 Welches Bild haben wir als Zuschauer von den Schwarzen, *bevor* sie im 12. Bild erscheinen? Schreiben Sie einen Absatz von 50 bis 70 Wörtern darüber. Denken Sie dabei an die folgenden Punkte:

◤ die Bedeutung ihres Namens

◤ ihre Beziehung zu Andorra

◤ wie sie sich anderen Ländern gegenüber benehmen

◤ ihre Haltung zu den Juden

5 Die Andorraner behaupten, die Juden haben bestimmte negative Eigenschaften und projizieren diese Eigenschaften auf Andri. Aber das sind eigentlich die Eigenschaften, die die Andorraner selbst zeigen. Für jede der folgenden Eigenschaften geben Sie ein Beispiel, wie es zum Benehmen der Andorraner passt, und wie Andri das Gegenteil zeigt.

◤ Geldgier   ◤ Ehrgeiz

◤ Feigheit   ◤ Ungeselligkeit

◤ Geilheit   ◤ handwerkliche Ungeschicktheit

Nützliche Vokabeln für Aufsätze

Als Einleitung

Am Anfang des Stücks ... At the beginning of the play ...

Das Stück handelt von ... The play is about ...

Ein beständiges Thema in dem Werk ist ... A constant theme in the work is ....

Im ersten/zweiten/dritten Bild In the first/second/third scene

Meinungen

Ich bin der Meinung/Ansicht, dass ... I am of the opinion that ...

Meiner Meinung nach ... In my opinion ...

Meines Erachtens ... In my opinion ...

Beispiele

Auf diese Weise In this way

Ein typisches/weiteres/wichtiges Beispiel ist ... A typical/further/important example is ...

Das interessanteste Beispiel ist vielleicht ... The most interesting example is perhaps ...

Der Autor / Die Autorin verwendet ..., um ... zu ... The author uses ... in order to ...

Dieses Beispiel / Diese Szene illustriert / macht klar, dass / verdeutlicht ... This example / this scene illustrates / makes it clear that / shows clearly ...

Diese Beispiele führen zur logischen Schlussfolgerung, dass ... These examples lead to the logical conclusion that ...

Vergleiche

Ähnlicherweise Similarly

Im Gegensatz zu ... In contrast to ...

Im Gegenteil On the contrary

Im Vergleich zu (+ Dativ) **... / verglichen mit** (+ Dativ) **...** In comparison with ...

Einerseits ... andererseits ... On the one hand ... on the other hand ...

Auf der einen Seite ... auf der anderen Seite On the one hand ... on the other hand

Aus zwei Perspektiven From two perspectives

Und umgekehrt And vice versa

Zur Interpretation

Die Absicht des Dramatikers ist ... The dramatist's intention is ...

Man kann auch ... erwähnen One can also mention ...

Gewissermaßen To a certain extent

In mancher Hinsicht In many respects

Insbesondere / Im Besonderen especially

Genauer gesagt, ... More exactly, ...

Außerdem / Darüber hinaus Furthermore

Trotzdem Nevertheless

Zudem ... In addition ...

Vor allem Above all

Der Grund dafür ist ... The reason for that is ...

Aus diesem Grund kann man sagen, dass ... For this reason one can say that ...

Das Stück lässt offen, ob ... The play begs the question whether ...

Die Zuschauer wissen nicht genau, ob ... The audience does not know exactly whether ...

Oberflächlich gesehen On a superficial level

Symbolisch gesehen Seen symbolically

Viele Themen lassen sich erkennen Many themes can be seen

Zusammenfassung

Ohne Zweifel Without doubt

Wie ich das sehe, ... As I see it ...

Ich bin davon überzeugt, dass ... I am convinced that ...

Es ist nicht zu bezweifeln, dass ... It can't be doubted that ...

Im Großen und Ganzen ... On the whole ...

Im Allgemeinen In general

Im Grunde genommen Basically

Schließlich kann man sagen, dass ... Finally it can be said that ...

Zum Schluss / abschließend In conclusion

Kurz gesagt ... Put briefly / In a few words ...

Letztendlich Ultimately

Es scheint also, dass ... It therefore appears that ...

Zusammenfassend kann man sagen, dass ... In summary one can say that ...

Am Ende des Stücks ... At the end of the play ...

Ich habe den Eindruck, dass ... I have the impression that ...

Es lässt sich schließen, dass ... It can be concluded that ...

AS essays

Although a mark is awarded in the exam for use of language (AO3), all these essays are grammatically accurate, and the examiner comments focus on the students' ability to critically and analytically respond to the question (AO4).

Frage 1

Welche Rolle spielt der Tischler in *Andorra*? Sie können die folgenden Stichpunkte benutzen:

- sein Aussehen und Benehmen
- seine Meinung über seine Produkte
- das Lehrgeld, das er verlangt
- sein Verhältnis mit Andri

Student A

Der Tischler heißt Prader. Er ist ein großer Mann und wiegt hundert Kilo. Er ist ein strenger Arbeitgeber und der Geselle hat Angst vor ihm. Er ist böse, als er meint, dass jemand in der Werkstatt geraucht hat, aber dann raucht er selber. Er ist arrogant und verlangt, dass seine Arbeiter das machen, was er will. In seinem Gespräch mit dem Lehrer verlangt er eine hohe Summe für Andris Lehre und will nicht feilschen.

Er ist stolz auf seine Firma und die Leute wissen, dass seine Möbelstücke gut sind. Er sagt „Ein Stuhl von Prader ist ein Stuhl von Prader". Er ist patriotisch und sagt Andri, dass seine Firma nur mit andorranischer Eiche arbeitet. Er erwartet einen hohen Standard von seinen Arbeitern. Er macht den schlechten Stuhl kaputt. Er meint, Andri habe den Stuhl gemacht, aber er ist eigentlich der Stuhl des Gesellen.

Der Tischler verlangt 50 Pfund für Andris Lehrgeld. Wir wissen, dass das sehr viel ist, weil der Lehrer sagt „Das ist Wucher". Der Tischler ist geldgierig und meint, er kann Geld verdienen, wenn er Andri als Lehrling nimmt. Aber er verlangt auch ein hohes Lehrgeld, weil er weiß, dass Andri Jude ist, und er will keinen Juden in seiner Werkstatt haben.

Der Tischler mag Andri nicht, weil er Jude ist. Er glaubt, dass ein Jude kein guter Handwerker sein kann. Er macht den schlechten Stuhl kaputt und behauptet, er sei Andris. Er hört *nicht auf Andris Proteste. Er zeigt, dass er antisemitisch ist, weil er meint, Juden können gut mit Geld umgehen. Er sagt Andri kann „viel Geld" verdienen. Auch sagt er, andorranische Eiche ist besser als „die Zedern von Libanon" — eine zynische Bemerkung über Andris Religion. Andri muss den Beruf akzeptieren, den der Tischler ihm anbietet.*

(290 words)

Kommentar

The key phrase in this question is 'Welche Rolle'. Student A does not really respond to this stimulus and tends merely to present a series of facts about the Tischler. Although the student appears to know the play well, there is little or no attempt to draw out the significance of each of the facts he relates. Everything in a drama has been put there by the dramatist for a particular purpose and it is important to show that you understand the underlying meaning of the events and incidents depicted in the play.

Student A presents his ideas simplistically. Most are presented in simple sentences, with a restricted vocabulary. There is over-use of the verb 'to be'. The inclusion of some more carefully selected vocabulary and expressions, as well as joining sentences together with conjunctions, would take the essay to a higher level. While the student addresses all the bullet points, there is no attempt to link the paragraphs. The essay also lacks a conclusion. It ends abruptly when the fourth paragraph has been completed. A final paragraph, summing up the character and his role in the play, would be useful here. It would perhaps have been good to point out that the Tischler is the first obstacle Andri encounters in his attempt to integrate into Andorran society.

The essay also makes no reference to the Tischler's appearance in a Vordergund scene. It is here that the real reason for asking a large sum for Andri's apprenticeship is revealed. The Vordergrund scenes in *Andorra* often reveal the true aspect of a character, so if you are asked to discuss a character who appears in one of them, it is important that you make reference to this.

It is likely that Student A would receive a mark in the middle band for AO4.

Student B

Die Rolle des Tischlers bietet dem Zuschauer von „Andorra" das erste Beispiel für Vorurteile gegen Andri als Juden. In seinen Verhandlungen mit Can verlangt der Tischler die hohe Summe von 50 Pfund als Lehrgeld. Es sieht so aus, als ob der geldgierige Tischler hier eine Gelegenheit sieht, Geld zu verdienen, aber er gibt später zu — in der Vordergrundszene — dass er Andri als Jude nicht in seiner Werkstatt haben wollte, weil es „Unannehmlichkeiten" geben würde.

In der Szene in der Tischlerei drückt er seinen Antisemitismus durch deutliche Zeichen aus. Er vergleicht das andorranische Holz negativ mit Holz aus dem Herkunftsland der Juden: „Lobpreiset eure Zedern von Libanon, aber hierzuland wird in andorranischer Eiche gearbeitet, mein Junge". Und als er meint, Andri protestiert zu viel, sagt er: „Hier ist keine Klagemauer" – eine Anspielung auf die Mauerreste des Tempels in Jerusalem, eine Gebetsstelle der Juden.

Frisch hat offensichtlich die Rolle des Tischlers gut überlegt. Er beschreibt ihn in der Regieanweisung als „ein behäbiger Mann" (wir erfahren später, dass er hundert Kilo wiegt) und in der Szene in der Tischlerei dominiert er seine Welt. Der Geselle hat Angst vor ihm, und sein Stolz auf seine Firma wird bei seinem Eintritt sofort klar. Er ist dabei, eine Beschwerde abzulehnen, und behauptet „ein Stuhl von Prader bricht nicht zusammen". Der harte Geschäftsmann gibt kein Geld zurück („Bezahlt ist bezahlt").

Als Beweis, dass er hohe Qualität von seinen Arbeitern verlangt, reißt er den schlechten Stuhl auseinander. Das ist eigentlich der Stuhl des Gesellen, aber dahinter liegt, dass er beweisen will, dass Andri als Jude, es „nicht im Blut hat", Tischler zu werden. Er schlägt vor, dass Andri Verkäufer werden sollte. Wieder kommt hier sein Rassismus zum Vorschein: „Das ist, was deinesgleichen im Blut hat".

Die Vorurteile des Tischlers hindern Andri also daran, sein Ziel zu erreichen, in die andorranische Gesellschaft integriert zu werden. Obgleich der Tischler an der Zeugenschranke beteuert „Ich bin nicht schuld", muss er einen Teil der Verantwortung für Andris Tod tragen, weil er die Erfüllung seines Berufswunsches verhindert hat.

(334 words)

Kommentar

Student B makes mostly the same points as Student A, but he has had the confidence to break away from the structure suggested by the bullet points. This makes the essay more of a connected whole. He begins by stating the role of the Tischler in the play as a whole and illustrates how this comes about. His examples are well supported by relevant quotations from the play and he produces a clear and well-structured response to the question. At the end he sums up the Tischler's role once again, and the essay comes to a firm conclusion.

The sentences are well structured and thought has obviously been given to the choice of words and expression. The use of verbs such as *zugeben, behaupten* and *beteuern* rather than *sagen* takes the vocabulary to a higher level.

Although the essay is slightly over the suggested word limit, this is acceptable. The examiner will mark everything you write, but do make sure that the German remains accurate or your mark for use of language will be compromised.

It is likely that Student B would receive a mark in the top band for AO4.

Frage 2

Was für ein Selbstbild haben die Andorraner von sich und wie benehmen sie sich tatsächlich? Welche Rolle spielt das Selbstbild im Stück? Sie können die folgenden Charaktere erwähnen:

- Der Soldat
- Der Geselle
- Der Tischler
- Der Pater

In diesem Aufsatz will ich über das Selbstbild der Andorraner schreiben.

Der Soldat glaubt, dass er ein mutiger Soldat ist. Er sagt, er sei bereit, für das Land zu sterben. Er meint, dass Andri feige ist. Aber er ist selbst feige. Er will beweisen, dass er stark ist, und stellt Andri das Bein. Er prügelt Andri mit der Hilfe der anderen Soldaten, und als die Schwarzen angreifen, wechselt er die Seite und dient in ihrer Armee.

Der Geselle scheint Andris Freund zu sein. Er sagt, dass Andri in seiner Fußballmannschaft spielen kann, und gibt ihm seine alten Fußballschuhe. Aber er ist ein untreuer Freund. Als der Tischler fragt, wer in der Werkstatt geraucht hat, gibt er seine Schuld nicht zu, und er sieht zu, während der Tischler den Stuhl auseinanderreißt, ohne zu sagen, dass er sein Stuhl ist.

Der Tischler hat eine hohe Meinung von sich. Er meint, die Möbelstücke seiner Firma sind von bester Qualität, und will keine Kritik hören. Er glaubt, dass er immer recht hat, und hört nicht auf Andris Proteste, als er den Stuhl kaputt macht. Er meint, dass er Andri einen Gefallen tut, als er ihm eine Stelle als Verkäufer anbietet. Er ist geldgierig und meint, dass sein zweites Angebot für die Bestellungen, die Andri annimmt, besser ist, aber in Wirklichkeit ist es schlechter.

Der Pater glaubt, Andorra sei ein frommes Land. Er lobt Barblins Vorbereitungen auf das Fest, feiert selbst die Messe und nimmt an der Prozession teil. Als Christ soll er seinen Nachbarn lieben, aber er kommt Andri nicht zu Hilfe. Er weiß, dass Andri bei ihm war, als die Senora getötet wurde, aber er ist nicht auf dem Platz, um die Wahrheit zu sagen, als Andri getötet wird.

Wir sehen also, dass das Benehmen der Andorraner das Gegenteil von ihrem Selbstbild ist.

(300 words)

Kommentar

It is important to note that this question has two part: the comparison of the Andorrans' self-image with their actual behaviour *and* its function in the play. While the student shows how the actual behaviour of the Andorrans does not match their self-image, there is no real attempt to answer the second part of the question. There is a need to show how the Andorrans transfer their failings onto Andri and accuse him of their negative traits. Reference to the Vordergrund scenes would also have helped to show that the Andorrans have not changed over the course of time. Years later they still do not recognise their faults and claim that they are innocent.

Both the beginning and the end of the essay are weak. The opening line does no more than restate the question without any indication of how the student is going to go about the essay. Statements such as these are best avoided. Similarly, the conclusion does no more than state what has been shown in the essay. One-sentence paragraphs like this are never a good idea.

Although there are no direct quotations from the play in the essay, there is sufficient direct reference to indicate that the student has a good knowledge of the play and the examples chosen are appropriate and relevant.

It is likely that Student A would receive a mark in the middle band for AO4.

Student B

Das Bildnis ist ein zentrales Thema in „Andorra". Frisch will zeigen, wie das Selbstbildnis und das tatsächliche Benehmen einer Person nicht immer zusammenpassen und wie Vorurteile über andere Menschengruppen tragische Folgen haben können.

Die Andorraner haben alle ein positives Selbstbild. Der Soldat meint, er sei tapfer und bereit, sein Land „bis zum letzten Mann" zu verteidigen. Der Geselle scheint bereit, Andris Freund zu werden – er will ihn in die Fußballmannschaft aufnehmen und verkauft ihm seine Fußballschuhe. Der Tischler meint, er tue Andri einen Gefallen, als er ihm eine Stelle als Verkäufer anbietet, und der Pater scheint ein Musterbeispiel seines Berufs zu sein und preist Andorra als „ein frommes Land".

Aber sie haben alle ihre negative Seite. Der Soldat ist feige und wechselt die Seite, als die Schwarzen einmarschieren. Der geldgierige Tischler verlangt eine hohe Summe für Andris Lehre. Der Geselle erweist sich auch als untreu, und gibt nicht zu, der schlechte Stuhl sei seiner. Und der Priester benimmt sich unchristlich: Er hätte Andri ein Alibi geben können, kommt aber nicht auf den Platz, als Andri zu Tode verurteilt wird.

Alle projizieren ihre Vorurteile über Juden auf Andri. Der Soldat meint „so'n Jud denkt alleweil nur ans Geld"; der Geselle rät Andri „reib nicht immer die Hände", und der Tischler meint, Juden haben es „im Blut", mit Geld umzugehen. Sogar der Priester zeigt Antisemitismus, als er sagt „Eine Unart habt ihr alle".

In den Vordergrundszenen haben sich die Andorraner nicht geändert. Sie sehen nicht die eigenen Fehler und schieben die Schuld auf Andri. Der Tischler erkennt, er habe ein zu großes Lehrgeld verlangt; der Geselle meint, Andri sei hochnäsig gewesen; und der Soldat glaubt immer noch, Andri sei Jude. Nur der Priester beichtet seine Sünde, dass er Andri „an den Pfahl gebracht habe".

Zusammenfassend kann man sagen, die Andorraner haben ein überhöhtes Selbstbild und schreiben ihre negativen Eigenschaften dem Sündenbock Andri zu. Das Stück zeigt die Folgen, die entstehen können, wenn man ein falsches Bildnis von einer Person macht.

(324 words)

Kommentar

The essay has a very clear structure and the student has clearly thought about how to go about the task. The introductory paragraph outlines the main points which will be made, which are then developed in the individual paragraphs which follow. Rather than following the bullet points, the student has chosen to make reference to the characters indicated in each of the main paragraphs, and the result gives a more satisfying and coherent structure to the essay.

The four main paragraphs all have a clear focus. Paragraph two shows the self-image which the Andorrans have of themselves; paragraph three points out their negative characteristics; paragraph four addresses the issue of anti-semitism; and paragraph five discusses the issue of guilt as it is shown in the Vordergrund scenes.

Each paragraph makes mention of the characters specified in the bullet points, and the points made are supported each time by either a reference to their behaviour in the play or a brief, but apposite, quotation.

The final paragraph sums up the points made previously, but the use of the word *Sündenbock* shows that the student understands the significance of the biblical imagery relating to the play. The paragraph rounds off the essay well and brings it to a firm conclusion.

It is likely that Student B would receive a mark in the top band for AO4.

A-level essays
Frage 1

Analysieren Sie das Thema der Schuld in *Andorra*.

Student A

Das Thema Schuld spielt eine wichtige Rolle in „Andorra". Fast alle Charaktere teilen die Verantwortung für Andris Tod.

Wenn man das letzte Bild in Betracht zieht, sind es der Judenschauer und die Soldaten, die eigentlich Andris Tod verursachen. Der Judenschauer sucht ihn als Jude aus und die Soldaten führen ihn zum Tode weg.

Aber die ganze Geschichte beginnt mit der Lüge des Lehrers. Als er vor zwanzig Jahren nach Andorra zurückkam, erzählte er nicht von seiner Affäre mit der Senora. Er gab nicht zu, dass Andri sein Kind war, sondern sagte, er sei ein Judenkind, das er gerettet habe. Die Andorraner glauben also seit zwanzig Jahren, dass Andri Jude ist. Als der Lehrer die Wahrheit sagt, ist es zu spät, und er kann Andri nicht mehr retten.

Der Tischler spielt auch eine Rolle bei der Schuldfrage. Andri will Tischler werden, aber der Tischler meint, ein Jude kann kein Handwerker sein. Als Beweis dafür macht er den schlechten Stuhl kaputt und behauptet, er sei Andris Stuhl. Er zwingt ihn dann, Verkäufer zu werden, weil er meint, das ist eine bessere Arbeit für einen Juden. Der Tischler ist also schuldig, weil er Andri daran hindert, seinen Berufswunsch zu erfüllen und sich in die andorranische Gesellschaft zu integrieren.

Aber alle Andorraner teilen die Verantwortung, weil sie Andri als Juden behandeln. Der Soldat und der Doktor zeigen ganz deutlich ihren Antisemitismus. In den Vordergrundszenen behaupten sie alle ihre Unschuld und sagen, dass sie nicht gewusst haben, dass Andri kein Jude war. Pater Benedikt ist der einzige, der seine Schuld zugibt (,,Auch ich habe ihn an den Pfahl gebracht"). Aber seine Schuld ist größer als er meint, weil er zur Zeit von Andris Tod nicht auf dem Platz war. Er hätte sagen können, dass Andri bei ihm war, als die Senora ermordet wurde.

Meiner Meinung nach ist es schwer zu sagen, wer die größte Schuld trägt. Alle Andorraner sind schuldig, weil Frisch zeigen will, dass die Schuld ein Problem für die ganze Gesellschaft ist.

(329 words)

Kommentar

The student has written a well-structured essay. There is a brief introduction and a concluding paragraph which sums up the student's own opinion. The four paragraphs in the body of the essay each make a clear point, although there is perhaps a tendency to narrate events rather than comment on them. There is good use of phrases such as *in Betracht ziehen, den Berufswunsch erfüllen* and *meiner Meinung nach*.

On occasion the student could phrase her ideas more concisely. The two sentences in paragraph three, beginning 'Als er vor zwanzig Jahren …' (36 words) could be condensed into 'Seine Feigheit hinderte ihn daran, über seine Affäre zu sprechen und Andris wahre Herkunft zu enthüllen' (16 words). In paragraph four, the sentence 'Er zwingt ihn dann …' (18 words) could become 'Er zwingt ihn in die für ihn passendere Rolle des Verkäufers' (11 words), while the end of the penultimate paragraph ('weil er zur Zeit von Andris Tod …') (26 words) could be more briefly expressed as: 'Durch seine Abwesenheit in der letzten Szene versäumt er die Möglichkeit, Andris Unschuld zu bezeugen' (15 words).

Not only does this compactness of expression leave more space for the inclusion of additional material, it also tends to raise the quality of the German, thus taking the mark for AO3 into a higher mark band. More compact expression might have allowed the student to mention the guilt of Barblin, and even that of Andri himself.

However, the essay concentrates solely on the characters within the play and neglects to address some of the wider issues which Frisch sought to address, namely the responsibility of the German and Swiss citizens for the persecution of the Jews during the Nazi period and the guilt of the audience themselves in this respect. Mention could also be made of the 'Modell' character of the play in addressing the question of prejudice as a whole. These wider issues are only hinted at in the reference to the whole society in the last paragraph.

It is likely that Student A would receive a mark in the middle band for AO4.

Student B

Der Begriff „Schuld" ist ein wichtiges Thema in diesem
Theaterstück, aber Frisch untersucht das Thema auf
verschiedenen Ebenen. Er unterscheidet zwischen Schuld in
dem Drama selbst und Schuld als ein ethisches Problem im
Allgemeinen. In diesem Sinn wird die Schuld sowohl aus einem
geschichtlichen als auch aus einem moralischen Standpunkt
besprochen.

In dem Drama werden einige Leute im kriminellen Sinn
schuldig. Der Wirt ist des Mordes schuldig, weil er wahrscheinlich
die Senora umbrachte. Peider hat wahrscheinlich Barblin
vergewaltigt, und der illegale Einmarsch der Schwarzen in
Andorra verletzt die Freiheit eines unabhängigen Staates.

Aus einem moralischen Standpunkt sind alle Andorraner
schuldig und tragen zum Tod Andris bei. Can (und auch
die Senora) haben aus sozialen Gründen die Wahrheit über
Andris Herkunft verschwiegen. Der Tischler raubt ihm der
Gelegenheit, seinen gewünschten Beruf auszuüben, und der
Pater vernachlässigt seine religiöse Pflicht, als er nicht bei der
Judenschau erscheint, um Andri ein Alibi zu geben. Die anderen
Andorraner funktionieren als Gruppe und erstellen ein falsches
Bildnis von Andri, das schließlich zu seinem Tod führt. Der
Soldat („So'n Jud denkt alleweil nur ans Geld") und der Doktor
(„Die Juden ... hocken auf allen Lehrstühlen der Welt") sind
besonders antisemitisch. Wie Frisch gesagt hat – sie töten ihn
nicht direkt, sondern machen ihn zum Juden in einer Welt, wo
das ein Todesurteil ist.

In den Vordergrundszenen beteuern die einzelnen Andorraner
ihre Unschuld („Ich bin nicht schuld, dass es so gekommen ist
damals"). In den Jahren nach der Haupthandlung haben sie ihre
Verantwortung weder überlegt noch erkannt. Sie haben ihre
Meinung nicht geändert und bezeugen die Unbelehrbarkeit der
Menschen.

Das Stück trägt aber auch zur Vergangenheitsbewältigung der
Deutschen bei. In den Nachkriegsjahren beschäftigten sich die
Deutschen sehr mit ihrer Verantwortung für die Schrecken
der Nazi-Vergangenheit, und das Stück bespricht genau

dieses Problem. Und Frisch meinte, die Schweizer sollten sich diesbezüglich auch ihre Schuld überlegen, weil die Schweiz bis 1944 an ihren Grenzen jüdische Flüchtlinge abgewiesen hat. In diesem Zusammenhang sagte er „Die Schuldigen sitzen im Parkett".

Aber das Stück bezieht sich nicht nur auf die neuere Geschichte. Indem er das Stück „ein Modell" nannte, wollte Frisch zeigen, dass der Antisemitismus ein Beispiel für Vorurteile aller Art war. Die Menschen benehmen sich so in allen Situationen, wo sie andere Menschen zum Außenseiter machen.

Diese verschiedenen Aspekte der Schuld, die in Andorra besprochen werden, tragen sehr viel zum Gesamterfolg des Dramas bei.

(392 words)

Kommentar

The essay is a careful analysis of the theme of guilt as it appears in *Andorra*. The opening paragraph makes it clear that the student is going to analyse the theme from a number of different viewpoints. The main body of the essay then deals with each of these in turn: first by examining the criminal and then the moral guilt of the characters in the drama. It then broadens out to examine Frisch's overall intentions in writing the play, both from a historical and then from a generally moral point of view.

Each paragraph deals with one of these aspects, making points succinctly and supporting them where possible with quotes or references to the play.

There is good use of vocabulary with phrases like *auf verschiedenen Ebenen*, *der Pater vernachlässigt seine religiöse Pflicht* and *die Unbelehrbarkeit der Menschen*. There is also use of terms such as *Vergangenheitsbewältigung* and *Außenseiter*, which are important to the broader interpretation of the play.

The references to Frisch's own observations on the play — making Andri a Jew in a world where that was a death sentence, and the guilty sitting in the stalls — show that the student has studied the background to the play and is aware of Frisch's intention in writing it. The later paragraphs also demonstrate an awareness of the play's relation to the historical situation in Germany after the Second World War.

It is likely that Student B would receive a mark in the top band for AO4.

Frage 2

Welche Rolle spielt die Figur der Mutter in *Andorra*?

Student A

Die Mutter ist die Frau von dem Lehrer Can und die Pflegemutter Andris. Als das Stück beginnt, glaubt sie, dass er ein Judenkind ist, das ihr Mann aus dem Land der Schwarzen gerettet hat. Ihr Mann hat ihr nicht die Wahrheit erzählt. In der Liste der Personen heißt sie, wie die anderen, nur „Die Mutter", aber im Vergleich zu den anderen – dem Tischler Prader und dem Gesellen Fedri, zum Beispiel – erfahren wir in dem Stück nie ihren Namen.

Wir sehen sie hauptsächlich in ihrer häuslichen Umgebung. Sie ist Hausfrau, und in dem vierten Bild ist sie dabei, das Essen für die Familie vorzubereiten. Sie sorgt für Andri als ihren eigenen Sohn. Als er krank wird, holt sie den Arzt und fragt besorgt „Ist es schlimm, Doktor?" Und sie ist bereit, dem Arzt zu sagen, dass seine Bemerkungen über die Juden nicht richtig waren: „Das hätten Sie vorhin nicht sagen sollen, Professor – Andri ist Jud".

Als sie die Wahrheit über Andris Herkunft erfährt, ist sie gar nicht böse, dass ihr Mann sie zwanzig Jahre lang betrogen hat, sondern reagiert ruhig und verständnisvoll: „Du hast sie geliebt, aber du hast mich geheiratet, weil ich eine Andorranerin bin".

Aber sie ist auch bereit, ihre Meinung zu sagen. Sie kritisiert das Benehmen ihres Mannes („Du verkrachst dich mit aller Welt, das macht es dem Andri nicht leichter") und später sagt sie, dass er sie und Andri verraten hat. Sie sagt, er darf die Andorraner nicht kritisieren, weil er selbst ein Andorraner ist.

Sie kennt sich auch in der Welt aus und hat die Liebe zwischen Andri und Barblin erkannt: „Ich hab das kommen sehen, Can". Sie kann nicht verstehen (weil sie die Wahrheit nicht weiß), warum ihr Mann die Heirat nicht bewilligen will.

In der letzten Szene versucht sie, die Wahrheit zu sagen, und ihren Sohn zu retten, aber der Judenschauer hört nicht zu.

Die kleine Rolle der Mutter vollendet das Familienbild in dem Stück.

(321 words)

Kommentar

The essay begins without an introduction and is very factual in its approach. The character is described, but few conclusions are drawn. It is easy to assume that an essay title such as this just requires a description of the character. However, there is a need to remember that the dramatist created the character for a reason. In answering the question, which asks what role the mother plays, the essay needs to assess her role in the play as well as describe her character.

In writing an essay such as this, you also need to bear in mind how other characters have been presented in the play. Why, for example, does the mother have no Vordergrund scene? The reason for this may be that she does not share the guilt of the other Andorrans for Andri's death, and in fact she is the only one who at the *Judenschau* shows the courage which the other Andorrans lack and asserts the innocence of her son. It is not easy to spot 'omissions' in this way, but a comparison with the other characters will probably help you.

As one of the only two older women in the play, she could also be said to form a contrast to the Senora, who is Andri's physical mother, and some comparison between the two may also have been helpful to the essay.

The essay does point out that she protests at Andri's treatment at the *Judenschau*, but does not contrast her behaviour in this scene (the only time she appears in a public setting rather than the domestic one) with that of the other Andorrans.

Although the student shows a reasonably good knowledge of the character, the single sentence conclusion suggests that she has not fully understood the mother's role in the play.

It is likely that Student A would receive a mark in the middle band for AO4.

Student B

Die Figur der Mutter ist auf den ersten Blick nur eine kleine Rolle im Drama. Sie tritt nur in drei Bildern auf und wir sehen sie meistens nur in ihrer häuslichen Umgebung. Aber sie funktioniert oft als Kontrastfigur und hat eine wesentliche Bedeutung im Stück.

Im vierten Bild sehen wir sie zu Hause, in ihrer Rolle als Hausfrau und Mutter. Sie holt den Arzt, als Andri krank wird, und verteidigt ihn, als der Doktor abwertende Bemerkungen über die Juden macht („Andri ist Jude"). Sie muss eine geduldige Frau sein, weil sie mit ihrem alkoholsüchtigen Mann zusammenlebt. Es ist vielleicht bezeichnend für ihr Verhältnis, dass sie ihn „Can" nennt, aber er benutzt ihren Vornamen nie.

Sie versteht die Liebe, die sich zwischen Andri und Barblin entwickelt hat („Sie lieben sich ... Ich hab das kommen sehen, Can") und (da sie zu der Zeit die Wahrheit nicht weiß) kann Cans Verweigerung nicht verstehen. Als sie die Wahrheit erfährt, reagiert sie mit Gelassenheit: „Du hast sie geliebt, aber du hast mich geheiratet, weil ich eine Andorranerin bin".

Im letzten Bild benimmt sie sich anders als die Andorraner. Während die Andorraner feige den Befehlen des Judenschauers gehorchen, ist sie bereit zu protestieren. Andere Personen leben mit Lügen und Unwahrheiten; sie ist die einzige im Stück, die bereit ist, die Wahrheit zu sagen. Das Abnehmen ihres Tuches bei der Judenschau ist ein Zeichen, dass sie die Wahrheit sagen wird, und in einer für sie ziemlich langen Rede behauptet sie, Andri habe den Stein nicht geworfen, und dass er zu Hause war, als die Senora ermordet wurde.

Man kann die Mutter mit der Senora vergleichen, weil sie die einzigen erwachsenen Frauen sind, die im Stück auftreten. Die Senora ist die leibliche Mutter Andris und zeigt große Sorge über seine Wunden, als er geprügelt wird, aber seine Pflegemutter zeigt genausoviel Mutterliebe. Sie fragt den Arzt bekümmert „Ist es schlimm, Doktor?".

Die Mutter ist die einzige unter den Andorranern, die nicht in einer Vordergrundszene auftritt. Der Grund dafür ist wahrscheinlich, dass sie keine Mitverantwortung für Andris Tod trägt und ihre Unschuld nicht behaupten muss. Sie hat sogar versucht, die Katastrophe zu verhindern. Sie ist die einzige, die positiv auf Andri als Juden reagiert.

Zusammenfassend kann man sagen, dass die Mutter dazu beiträgt, ein abgerundetes Bild der andorranischen Gesellschaft darzustellen. Sie ist eine starke Persönlichkeit und gleicht die negativen Charakterzüge der restlichen Andorraner aus.

(394 words)

Kommentar

Student B's essay remedies some of the omissions of Student A. The introduction shows an awareness of the fact that Frisch created the role of the mother for a purpose and that she has some contribution to make to the play.

The salient points of the mother's character are clearly and carefully outlined and some insightful points are made. Student B interprets the omissions from the drama in relation to the character of the mother: the fact that we never learn (and her husband never uses) her first name, and that she does not appear at the witness stand. This has obviously been considered and a cogent reason is given.

The comparison of the mother and the Senora gives added depth to the essay and highlights another aspect of the play.

The conclusion is strong and positive and helps to end the essay on a firm and confident note.

It is likely that Student B would receive a mark in the top band for AO4.

1 „Wir werden ein weißes Andorra haben, ihr Jungfraun, ein schneeweißes Andorra." (Der Pater, 1. Bild)

▼ Als das Stück beginnt, weißelt Barblin die Mauer des Hauses, damit die Stadt am folgenden Sankt-Georgs-Tag schön aussieht. Sie wird für diese Arbeit von Pater Benedikt gelobt. Weiß ist die Farbe der Reinheit, und Pater Benedikt deutet daraufhin, dass Andorra ein idealer Ort ist, wo alle Leute gleich und mit Fairness behandelt werden. Der Soldat aber meint, dass ein Platzregen während der Nacht die weiße Tünche wegspülen würde, und dass man dann die knallrote Farbe darunter würde sehen können. Er meint damit, dass alles in Andorra nicht so schön und ordentlich ist, wie es aussieht. Und im Laufe des Stücks wird das sehr deutlich. Die Andorraner zeigen ihre schlechte Seite, besonders in der Behandlung von Andri, dem vermeinten Juden. Bis zum Ende des Stücks ist alles schwarz geworden und der wahre Charakter der Andorraner ist sichtbar.

2 „Jedermann soll tun, was er im Blut hat." (Der Tischler, 3. Bild)

▼ Andri will den Beruf des Tischlers lernen. Er bekommt eine Lehrstelle in der Tischlerei. Aber der Tischler meint, dass Andri, als Jude, für den Tischlerberuf nicht geeignet sei. Er macht den Stuhl des Gesellen kaputt und behauptet, es sei Andris schlechte Arbeit. Er hört nicht auf Andris Proteste und setzt sich mit seinem hundert Kilogrammgewicht auf den von Andri gemachten Stuhl, der sich als stabil und völlig fest erweist. Er meint, Andri hat es nicht im Blut, Tischler zu werden, und schlägt vor, dass er Verkäufer werden solle. Weil Juden angeblich gut mit Geld umgehen können, wäre das ein passenderer Beruf für Andri. Dieser Zwischenfall ist ein Beispiel für die Vorurteile, die die Andorraner über die Juden haben, und die sie auf Andri projizieren.

3 „Die Lüge ist ein Egel, sie hat die Wahrheit ausgesaugt." (Der Lehrer, 5. Bild)

▼ Der Lehrer hat gerade zu Hause Andris Wunsch, Barblin zu heiraten, abgelehnt. Der Grund dafür ist, dass sie Halbgeschwister sind, aber Andri weiß das nicht. Er glaubt, er sei ein Judenkind, das Can aus dem Land der Schwarzen gerettet hat. Can hat ihm die Wahrheit nicht erzählt. Deswegen kommt Andri zum Schluss, man hat ihn abgelehnt, weil er Jude ist. Can hätte die Gelegenheit wahrnehmen können, Andri und seiner Familie die Wahrheit zu sagen. Aber er hat es nicht getan. Jetzt in der Kneipe überlegt er die Lage in diesem Monolog. Er hat die Wahrheit zwanzig Jahre lang verschwiegen. Jetzt will er sie sagen, aber er kann es nicht. Je länger man lügt, desto schwieriger wird es, die Wahrheit zu sagen. Er vergleicht seine Lage mit einem Egel – eine Wurmart, die das Blut aus dem Körper saugt. Er hat so lange gelogen, dass keine Wahrheit in ihm bleibt.

„Auch ich habe mir ein Bildnis gemacht von ihm … auch ich habe ihn an den Pfahl gebracht." (Der Priester, Vordergrund nach dem 7. Bild)

4

🔻 Die Haupthandlung von *Andorra* wird durch eine Reihe von Vordergrundszenen unterbrochen, die viele Jahre später stattfinden. Die meisten Andorraner behaupten an der Zeugenschranke in diesen Szenen, dass sie nicht gewusst hätten, dass Andri kein Jude sei und sie seien deswegen unschuldig an seinem Tod. Der einzige, der hier seine Schuld bekennt, ist der Pater. In seiner Vordergrundszene steht er nicht an der Zeugenschranke, sondern kniet und betet. Er beichtet, dass er gegen das zweite Gebot verstoßen und ein Bildnis von Andri gemacht habe. Er hat ihn als Jude behandelt, obgleich er keiner war. Mit der Erwähnung des Pfahls spielt er auf die Passionsgeschichte Jesu im Neuen Testament an. Damit ist gemeint, dass Andri eine Christusfigur war, und dass der Priester die Verantwortung für seine Kreuzigung mit den anderen Andorranern teilt.

„Du, Andri, bist der einzige hier, der die Wahrheit nicht zu fürchten braucht." (Die Senora, 9. Bild)

5

🔻 Die Senora ist die ehemalige Geliebte des Lehrers und Andris wahre Mutter. Die Senora, eine Schwarze, ist aus dem Nachbarland gekommen, um ihren Sohn zu suchen. Sie will wissen, warum Can über die wahre Herkunft Andris gelogen hat. Wenn sie zu diesem Zeitpunkt im Drama die Wahrheit erzählt hätte, hätte sie Andri vor dem Tod schützen können. Die Wahrheit hätte ihn gerettet. Aber sie hat keine Gelegenheit, die Wahrheit zu sagen, und wird ermordet, bevor sie das Land verlassen kann. Andere aber hätten sich vor der Wahrheit fürchten müssen. Can hätte seiner Frau und seinen Mitbürgern sagen sollen, warum er gelogen hat, und die Andorraner hätten sehen müssen, wie ungerecht ihre Behandlung von Andri war.

„Hochwürden, das fühlt man. … Ob man Jud ist oder nicht." (Andri, 9. Bild)

6

🔻 In seinen zwei Gesprächen mit Andri soll der Pater ihm sagen, dass er kein Jude ist. Andri hat jedoch so oft von anderen Leuten gehört, dass er sich wie ein Jude benimmt, dass er angefangen hat, daran zu glauben. Er hat sich beobachtet, und meint, es stimmt, was andere Leute über ihn sagen. Er sagt hier dem Pater, dass er sich innerlich als Jude fühlt. Ironischerweise stimmt das nicht, aber in seiner Überzeugung ist Andri bereit, wie die Juden in früheren Zeitaltern behandelt zu werden und ihr Schicksal zu teilen. Der Pater schafft es also nicht, Andri die Wahrheit zu sagen, und der Weg zu Andris Tod steht jetzt offen.

7 „Jedenfalls hat er den Stein geworfen." (Der Wirt, 12. Bild)

> ◤ Als die Senora dabei ist, Andorra zu verlassen, wird sie durch einen Steinwurf getötet. Man berichtet, Andri habe den Stein geworfen, aber das kann nicht der Fall sein, weil er zu der Zeit im Gespräch mit dem Pater war. Es sieht so aus, als ob der Wirt den Stein geworfen hat. Seine Bemerkung in der achten Szene, „Ich wäre der erste, der einen Stein wirft", wirkt im Nachhinein ironisch, weil er in Wirklichkeit der Mörder zu sein scheint. Vor der Judenschau will er den Andorranern zeigen, was passiert ist. Er nimmt einen Pflasterstein in die Hand, den er immer noch hält, als Can ihm vorwirft, der Mörder zu sein. Er lässt sofort den Stein fallen und verschwindet in die vermummte Menge – ein deutliches Zeichen seines schlechten Gewissens.

8 „Geht heim vor euren Spiegel und ekelt euch." (Der Lehrer, 12. Bild)

> ◤ Erst am Ende des Stücks erzählt Can die Wahrheit über Andris Herkunft, aber zu dem Punkt ist es zu spät, ihn vor dem Tode zu retten. Aber bei der Judenschau nimmt er die Gelegenheit wahr, den Andorranern zu sagen, dass sie auch die Verantwortung für Andris Tod teilen. Sie haben ihn als Sündenbock betrachtet und die eigenen Sünden auf ihn übertragen. Sie haben ein Bildnis von ihm gemacht. Aber jetzt sollen sie überlegen, ob und wie viel Verantwortung sie für seinen Tod tragen. In einem Spiegel sieht man sich, und Can will, dass die Andorraner vor ihrem Selbstbild erschrecken. Obgleich sie alle an der Zeugenschranke ihre Unschuld behaupten werden, sollen sie jetzt ihre Mitverantwortung für Andris Tod erkennen.

9 „Wenn er wiederkommt, das hier sind seine Schuh." (Barblin, 12. Bild)

> ◤ Am Ende des Stücks stehen Andris Schuhe mitten auf der Bühne. Vor der Judenschau mussten die Andorraner ihre Schuhe ausziehen, um barfuß vor den Judenschauer zu treten. Nachdem er Andri als Jude ausgesucht hat, wird Andri ermordet, und seine Schuhe bleiben auf der Bühne zurück. Die Schuhe werden also zu einem Symbol für den ungerecht verurteilten Andri, wie auch für alle Unschuldigen in der Weltgeschichte, die wegen ungerechter Vorurteile umgekommen sind.

10 „Ich bin nicht schuld, dass es so gekommen ist, später." (Die Andorraner, in den Vordergrundszenen)

> ◤ In den Vordergrundszenen beteuern alle Andorraner, mit Ausnahme des Paters, ihre Unschuld. Keiner meint, er habe Verantwortung für den Tod Andris. Sie behaupten, sie hätten nicht gewusst, dass er kein Jude, sondern eigentlich der Sohn des Lehrers, war. In den Jahren nach Andris Tod haben sie Zeit gehabt, über die Ereignisse nachzudenken, aber keiner hat erkannt, dass er einen Teil der Verantwortung trägt. Mit diesen Szenen will Frisch zeigen, wie es die normale menschliche Reaktion ist, die Schuld auf andere abzuschieben und die Verantwortung zu verleugnen.